KB203301

그대 안의 부처를 보라

서암 큰스님 법어집3
그대 안의 부처를 보라

초판 1쇄 발행 | 2016년 4월 3일
초판 2쇄 발행 | 2022년 8월 30일

지은이 | 서암 스님

펴낸이 | 김정숙
기획 | 이상옥, 임혜진
편집 | 이성민, 조태진, 홍현정

펴낸곳 | 정토출판
등록 | 1996년 5월 17일 (제22-1008호)
주소 | 06653 서울시 서초구 효령로51길 42(서초동)
전화 | 02-587-8991
팩스 | 02-6442-8993
이메일 | jungtobook@gmail.com
홈페이지 | book.jungto.org

디자인 | 끄레 어소시에이츠

ISBN 979-11-87297-00-0 03220

서암 큰스님 법어집3

그대 안의 부처를 보라

서암 스님 지음

어느 곳에 있더라도

우리는 자기의 생명을 찾아내는

작업을 해야 합니다.

이것이 인생입니다.

우리 사회는 이 시대를 사는

모든 생명의 통일체입니다.

지금 우리 모두가 저마다 각성해서

서로서로 향상하려고 노력해야 하는 때입니다.

사회 안팎으로 일어나는 진통도

개개인 인생살이의 진통까지도 모두

우리가 한몸이기 때문에 일어나는 일임을

알아야 합니다.

깨우침, 서암 큰스님과 인연

살아 있는 생활 선禪의 가르침

깨우침의 인연

큰스님을 처음 뵌 것은 1981년 미국 로스앤젤레스의 한 작은 절에서입니다. 그 절은 가정집 1층 반지하에 있었는데 제가 찾아 갔을 때에는 주지 스님은 안 계시고 노스님 한 분만 계셨습니다. 그때 노스님께서 저를 맞이하며 하시는 말씀이 "나도 객으로 왔지만 그래도 하루라도 먼저 온 내가 자네보다 주인이 된다." 하시며 손수 비빔밥을 만들어주셨습니다.

저녁이 되어 잠자리를 준비하는데 침대는 불편하다며 저에게 침대를 내주시고 노스님은 바닥에 자리를 펴셨습니다. 그런 편안 한 분이시라 이런저런 이야기를 하게 되었습니다.

저는 중·고등학생 때부터 청소년 불교 운동을 하면서 불교가 좋으면서도 한국 불교계의 부정적인 모습에 늘 비판적인 시각을 갖고 있었습니다. 그러다 1980년에 일어난 10·27 법난에 불교계가 제대로 대응하지 못하는 것을 보면서 분노하고 있었습니다. 그러던 차에 편안한 노스님을 뵙자 노스님이 마치 기존 불교를 대표하는 사람인 양, 그동안 마음에 쌓아두었던 한국 불교에 대한 비판을 쏟아냈습니다. 그렇게 두 시간 넘게 비판을 하고 나서 어떻게 하면 이런 한국 불교를 정화할 수 있겠느냐고 노스님께 물었습니다.

그러자 묵묵히 듣고만 계시던 노스님이 조용히 답하셨어요.

"여보게,

어떤 한 사람이 논두렁 아래 조용히 앉아

그 마음을 스스로 청정히 하면

그 사람이 중이요, 그곳이 절이지.

그리고 그것이 바로 불교라네."

두 시간에 걸친 비판과 질문에 대한 답은 이렇게 간단했습니다.

그러나 그 말씀은 제게 큰 충격을 주었습니다. 그동안 저는 불교를 개혁하고 새로운 불교 운동을 해야 한다며 나름대로 노력하고 있었습니다. 그런데 노스님의 그 한 말씀에 불법을 말하면서도 눈은 밖으로 향해 있는 내 모습을 보았던 것입니다.

'그래. 불교라는 것은 그 마음을 청정히 하는 것이지. 그 마음을 청정히 한 사람이 수행자요, 그 수행자가 있는 곳이 절이며 그런 것을 불교라 한다. 기와집이 절이 아니고, 머리카락을 깎고 먹물 옷을 입었다고 중이 아니다. 내가 지금껏 불교를 개혁한다고 했는데 이제 보니 불교 아닌 것을 불교라고 착각하고 개혁하려 했구나. 그러니 그것은 마치 허공의 헛꽃을 꺾으려 한 것이요, 꿈속의 도둑을 잡으려고 한 셈이어서 그토록 답답할 수밖에 없었구나.'

노스님의 한 말씀으로 저의 삶과 불교 운동은 큰 전환점을 맞게 되었습니다. 잘못되었다고 비판하고 싸우는 데 에너지를 쏟기보다는 부처님의 근본 가르침을 먼저 실천하고 불교적인 대안을 제시하는 방향으로 전환하게 되었던 것입니다.

소탈한 성품

그분이 바로 당시 봉암사 조실이셨던 서암 큰스님이었습니다. 그러나 당시는 그분이 어떤 분인지도 모르는 채 큰 가르침에 감동과 고마움만 안고 한국으로 돌아왔습니다. 그러다 그 이듬해 분황사에서 청소년 수련을 할 때 분황사를 방문한 큰스님을 뵙고 그분이 서암 큰스님임을 알게 되었습니다.

그리고 몇 년이 지난 뒤 서울 비원 앞에 20평짜리 사무실을 빌려 작은 법당을 내면서 큰스님께 전화를 드려 3일간 개원 기념 법문을 해주십사 말씀드렸더니 큰스님은 단지 '미국에서 만난 아무개입니다.'는 설명만으로 흔쾌하게 응낙해주셨습니다. 그래서 "제가 모시러 가겠습니다." 하고 말씀드렸더니 "뭘 바쁜 자네가 내려오나. 한가하고 늙은 내가 알아서 올라가지." 하셨어요.

그리고 큰스님께서는 시외버스를 타고 마장동에 오셔서 다시 시내버스를 타고 대각사에 들러 점심을 드시고 법회 시간에 맞춰 오셨습니다. 큰스님은 약속 시간에 늦은 적이 없으셨습니다. 최소한 30분 전, 보통 1시간 전에 오셨지요. 그렇게 큰스님은 서울의 어느 절에 주무시면서 저희 법당을 오가며 3일간 아침저녁으로 법회를 해주셨습니다. 대중이라야 고작 스무 명 남짓이 모인 좁디좁은 단칸 사무실이었음에도 저희 젊은 불자들을 위해 법문을 해주셨습니다.

그렇게 하시고 봉암사에 가서서 한 달간 몸살을 앓으셨다고 합니다. 다시 법회에 모시려고 봉암사에 전화했을 때 시봉 스님으로부터 들어서 알았지요. 그러니 비록 큰스님께서는 법회 요청을 허락하셨지만 시봉 스님에게 단단히 야단을 들을 수밖에 없었지요. 그래서 그다음 법회에는 시봉 스님이 따라 올라오셨어요. 큰스님은 그렇게 소탈하셨습니다.

또 한 번은 법회 후 질문 시간을 갖는데 한 사람이 계속 초점이 어긋나고 제자리를 맴도는 질문을 해 모두 답답하게 생각하고 있었어요. 그러자 시봉 스님도 안 되겠다 싶으셨는지 큰스님께 "스님, 못 알아듣는데 그만하시지요."라고 하셨어요. 하지만 큰스님은 대수롭지 않은 듯 "아, 못 알아들으니 내가 여기까지 왔지. 알아듣는 사람만 있으면 내가 무슨 말이 필요해." 하시더니 계속해서 자상하게 답을 일러주셨지요. 저는 한편으로는 죄송스럽고, 한편으로는 포교를 어떻게 해야 하는가에 대한 깨우침을 얻기도 했습니다.

검소한 생활

큰스님께서는 서울에 오실 때나 지방 가실 때 언제나 통일호나 버스를 타고 다니셨어요. 어쩌다 새마을호 표를 끊어드리려 하면 마다하며 꼭 통일호를 타고 가겠다고 하셨습니다. 민망한 마음에 이유를 여쭈어보니, 첫째는 통일호 타는 노인에게는 승차비를 할인해준다, 둘째는 통일호 의자는 딱딱해서 참선하기에 좋다며 아주 단호하셨어요.

나이가 들고 많은 사람의 존경을 받는 위치에 계시면서도 검소하게 생활하는 것이 마치 갓 출가하실 때처럼 그대로 살고 계셨지요. 우리는 지금도 그렇게 못 사는데 말입니다.

서암 큰스님이 주석해 계신 봉암사는 가은 버스터미널에서 20리가 넘는 거리입니다. 그런데 노스님은 그 거리를 늘 걸어다니셨습니다. 그래서 어쩌다 선방 수좌들이 시내에서 택시를 타고 들어오다가 큰스님이 앞에 가시면 지나칠 수도 없고 해서 어쩔 수 없이 내려서 걸어갔다 합니다.

또 대중이든 신도든 음료수를 마시는 것을 보면 "왜 맑은 물 놔두고 썩은 물을 돈 주고 사 마시나?" 하셨고, "공부하는 사람은 차 달여 마시는 것도 엉뚱한 짓"이라고 질책하셨다고 합니다.

쓸데없는 일에 욕심 안 부리고 공부에만 전념한다면 저절로 수행이 된다는 것을 큰스님께서는 늘 생활 속에서 깨우쳐주셨습니다.

언제나 배려하는 마음

제가 포교원을 처음 개원했을 때는 자리도 좁고 돈도 없어서 불상도 못 모시고 관세음보살님 액자 하나를 모시고 시작했습니다. 어른 스님을 모시면서 법당 하나 제대로 갖추지 못한 것이 송구해서 큰스님께 "아직 불상을 모시지 못했습니다."라고 말씀드렸더니 그때 큰스님께서는 "생불이 앉을 자리도 없는데 불상이 앉을 자리가 어디 있겠느냐."며 조금도 개의치 않고 법회를 행하셨습니다.

그러다 홍제동으로 옮겨 정토포교원을 열었을 때 불상을 모시겠다고 말씀드렸더니 이번에는 큰스님이 불상 만드는 곳을 직접 찾아가셔서 주머니 속에 꼬깃꼬깃 넣어두셨던 쌈짓돈을 꺼내어 제작자에게 주시면서 "이 젊은이들은 돈이 없으니 이 돈만 받고 해주게." 하시면서, 불상은 허리가 좀 길어야 기상이 있어 보인다고 허리를 좀 더 키우라고 자상하게 지시해주셨습니다. 그러니까 저희 정토회가 처음 모신 불상은 바로 그렇게 큰스님이 해주신 것이었습니다.

1989년도 하안거 기간에는 제가 봉암사에 가서 부목을 한 철 살았습니다. 미래 사회에 대한 새로운 모색을 하려면 하던 일을 모두 멈추고 아무도 모르는 곳에서 나를 돌아보는 것이 필요하다는 생각에서 그런 시간을 마련한 것이라 다른 대중들 모르게 지낼 수 있도록 해달라고 큰스님께 부탁드렸습니다. 그래서 큰스님도 모른 척해 주셨지요.

제가 그때 부목 일을 참 죽기 살기로 열심히 했습니다. 세상에서 하던 일조차 잠시 놓고 근본을 돌아보는 생활을 하려고 그곳에 갔는데 또 그렇게 일하는 것에 빠졌던 것이지요.

하루는 땀을 콩죽같이 흘리며 장작을 패고 있는데, 큰스님이 가까이 오셔서 지나가듯 말씀하셨어요.

"자네 없어도 이제까지 봉암사 잘 있었네."

본분을 놓치고 일에만 집착하는 저를 그렇게 은근히 깨우쳐주셨습니다.

그때 제가 봉암사를 찾아온 거지를 설득해서 함께 부목을 살았는데, 그는 나를 보고 "너는 중도 아닌데 뭣 땜에 새벽 3시에 일어나 예불하고 또 저녁 예불도 하면서 중처럼 지내느냐?" 하면서 놀리곤 했지요. 그러다가 어느 날 제가 일을 무리하게 해서 몸살이 나 몸져눕게 되었어요. 그런데 제가 약방에 간 사이에 큰스님께서 아무도 몰래 방에 오셔서 꿀을 놓고 가셨습니다. 그것을 본 거지는 다음날로 절을 떠나버렸어요. 제가 그냥 부목이 아닌 줄 알았던 것이지요. 돌이켜보면 저는 이제까지 큰스님의 배려를 참 많이 받았습니다.

언제나 법도에 맞게

문경 정토수련원을 개원할 당시의 일입니다. 아직 길도 안 닦인 그곳에서 슬레이트 지붕의 작은 요사 하나 지어 수련원 개원 법문을 청했는데 큰스님은 흔쾌히 응하시고 땀을 흘리며 걸어오셨지요. 건물이 작아 감나무 그늘 밑에 놓인 돌 위에 앉아 법문을 하시고 저희도 돌을 깔고 앉거나 땅바닥에 앉아 법문을 듣는 그야말로 야단법석이 펼쳐졌지요. 그때 법문을 마친 큰스님께서는 저희 젊은 사람들을 기특해하시면서 돌밭을 돌아보며 "앞으로 여기에 큰 건물이 좍 들어설 것이야."라고 하셨는데 당시에 저희는 그곳에 불사를 할 생각을 못 했는데 지금 저희들의 계획을 미리 보신 듯합니다.

큰스님은 출가 재가를 막론하고 누구나 수행 정진하는 대승불교의 정신이 잘 살려지길 바라셨지요. 그래서 1991년 제가 다시 머리를 깎고 출가했을 때 탄식하시면서 "아니! 최 법사가 죽었구면, 죽었어." 하시면서 섭섭해하셨어요. "이 세상에 중은 흔해도 최 법사는 귀하다."는 말씀을 하시면서 아쉬워하셨지요.

종정이 되실 때에도 큰스님께서는 안 하려 하셨습니다. 그러다 원로 회의에서 그렇게 결정하고 간곡한 요청이 있자 "내가 조계종 중으로 종단에 빚이 많으니 밥값은 해야겠구나." 하시며 응하기는 하셨지만 사태가 정리되면 곧 그만둔다고 하셨습니다.

나중에 종단 사태가 발생했을 때 많은 스님들이 개혁한다며 힘으로 밀어붙이자, "세력으로 밀어붙이는 것은 불법이 아니라 폭력이야."라고 말씀하시면서 세속 법이 아니라 불법에 따라 순리로 풀기를 권하셨습니다.

결국 종정직을 사퇴하신 큰스님께서는 종단에 폐를 끼치지 않겠다며 처음 출가하실 때처럼 다시 바랑 하나 짊어지고 노구를 이끌고 한곳에 머물지 않고 이곳저곳을 만행하셨습니다.

그러다가 봉화에 작은 토굴을 짓고 정착하셨을 때에도 손수 끼니를 지어 드셨습니다. 제자들이 시봉하겠다고 찾아오면 바랑을 문밖으로 내던지면서 "공부하려고 중 되었지, 남의 종 노릇하려고 중 되었나!"면서 야단을 쳐서 돌려보내곤 하셨습니다.

한번은 그곳을 지나다 들르게 되었는데 그때가 한겨울이었습니다. 그런데 방이 아주 냉골이라 참으로 황망한 마음에 "방이 왜 이리 춥습니까?"하고 여쭤보니 "보일러가 많이 쓴다고 자꾸 데모를 해!"하시는 것이었어요. 보일러가 고장났지만 혼자 계시다 보니 손을 쓸 수 없었던 겁니다. 그래도 끝끝내 큰스님은 몸을 움직일 수 있으면 됐다고 하시면서 시봉 스님을 받지 않으시려 했지요.

즐거운 가운데 깨우침을 주는 살아 있는 법문

큰스님께서는 그렇게 소탈하고 검소하게 그리고 언제나 법도에 맞게 살아오셨습니다. 그렇다고 고리타분한 것과는 거리가 멉니다. 큰스님은 번뜩이는 유머 감각으로 언제나 대중을 즐겁게 해주셨고, 그 즐거운 가운데 깨우침을 주시는 참으로 살아 있는 법문을 하셨지요.

일반 법문도 감동적이지만 특히 대담에 뛰어나셨습니다. 한번은 방송용 대담을 하는데 한 질문당 3분 이내로 해주시면 좋겠다는 진행자의 말에 "그러마." 하시더니 정말 시간을 잰 듯 정확하게 그러면서도 핵심을 밝혀주시는 말씀을 하셔서 방송 진행자가 감탄을 하였습니다.

다리가 아프면 "몸뚱이도 80년 부려먹었더니 이제 다리가 데모를 해." 하며 웃으셨고, 어느 날 파리가 밥에 앉는 것을 보고는 "아 참, 그놈 발도 안 씻고 남의 밥상에 앉는다."고 하시는 등 큰스님의 유머와 번뜩이는 지혜는 우리를 늘 깨우쳐주었습니다.

또 젊었을 때 수행하면서 경험하신 이야기도 그렇습니다. 한번은 거지들이 자기들은 하루 종일 구걸해도 많이 못 얻는데 스님이 탁발하면 자기들 보다 많이 얻으니까 큰스님 뒤를 졸졸 따라다니면서 동냥을 얻었다고 합니다.

그렇게 하루 종일 함께 다니고 저녁 무렵 마을 어귀에 도착했을 때입니다. 큰스님이 갑자기 뒤돌아서서 그 거지들을 향해 요령을 흔들며 염불을 하신 것입니다. 처음에는 당황하던 거지들도 차츰 얼굴이 환해지면서 큰스님 바랑에 그날 얻은 것을 다 넣어주면서 좋아하더랍니다. 주는 것이 기쁨임을 거지들에게 알게 해주신 것이지요. 참으로 가섭 존자 이야기가 실감나는 살아 있는 법문이지요.

불교를 전혀 모르는 대중이라도 큰스님의 말씀은 쉽고 친근하게 불법의 핵심에 다가가게 해줍니다. 옛 성인의 말씀을 인용하실 경우에도 그 예가 정확하고 쉬우면서도 옛사람의 정취를 느끼게 해주십니다. 문자로는 큰스님의 그러한 독특한 향기를 다 전할 수 없어서 아쉬울 따름입니다.

한국 최고의 선승이자 원로 스님이신 서암 큰스님! 세수로 80세가 넘도록 몸이 허락하는 한 언제나 대중교통을 이용하시고 시봉 또한 두지 않으셨지요. 참으로 검소하고 소박하게 살아가신 큰스님의 모습에서 우리는 수행자의 삶이 어떠해야 하는가 그 근본을 볼 수 있습니다.

서암 큰스님께서 입적하신 지 10년이 되던 해, 큰스님의 가르침을 다시 새겨보는 일을 시작했습니다. 삶으로써 붓다의 가르침을 실천하고 선승의 풍모를 보여주셨던 큰스님을 회고록으로 다시 뵙고, 월간 《정토》를 통해서 꾸준히 전해주신 큰스님의 가르침을 다시 모아 법어집으로 출간하는 일이었습니다.

올해, 서암 큰스님 열반일을 앞두고 세 번째 법어집을 내어놓습니다. 이번 법어집은 스님의 법문 중 개인의 수행과 더불어 사회와 동체대비의 보살행으로 나아가야 하는 근원적인 말씀들을 모았습니다. 대중들이 직접 큰스님께 여쭙고 이에 큰스님께서 답해주신 내용도 있고 법회에서 대중들을 대상으로 큰스님께서 설법하신 내용도 있습니다. 환경문제, 남녀평등 문제 등에 대한 대중의 질문에 큰스님의 답은 막연하게 생각했던 우리들의 사고가 시원하게 열림을 느낄 수 있을 것입니다.

큰스님께서 열반하신 지도 열세 해가 흘렀지만 큰스님의 말씀은 인간성 상실, 공동체 붕괴를 직면하는 이 시대에 더욱 소중하게 다가오는 가르침입니다. 모쪼록 이 세상을 살아가는 데 큰 지침으로 삼는 계기가 되기를 바랍니다.

2016년 4월

법륜 삼가 씀

차례

일러두기
1. 이 법어집은 1988년부터 월간 〈정토〉에 연재된 서암 큰스님의
   〈생활 선禪을 위한 큰스님 말씀〉을 묶은 것입니다.
2. 각 법문의 시기와 장소 표기는 생략하였습니다.
3. 본문에 실린 법어 휘호는 서암 큰스님이 쓰신 것입니다.

제1장

나를 밝히고 세상을 밝히는 수행

밝은 마음자리 깨달으면 그곳이 정토

이곳 경북 선산군 도개동은 아도화상이 모례 장자의 집에서 주석하시며 신라 불교를 일으키셨던 곳입니다. 참으로 뜻 깊은 성지라 아니 할 수 없습니다. 더욱이 전국에 흩어져 있던 정토 가족이 멀고 가깝고를 떠나 오늘 이렇게 한자리에 모여 있으니 참으로 기쁘고 무량한 감개가 솟아오릅니다. 우리가 이 자리에서 처음 만나는 가족이라 생각될지 몰라도 절대 오늘 처음 만난 인연이 아닙니다. 우리는 저 멀리 부처님 영산회상靈山會上에서부터 불교와 인연을 맺어왔고, 또 다생을 거쳐 오면서 불자로서 원력을 같이하여 온 도반이요 한 가족입니다. 이렇게 우리의 인연이라는 것이 참으로 깊고 넓음을 생각하면 말로는 표현할 수 없는 감회가 떠오릅니다.

'정토淨土'는 글자 그대로 '깨끗한 국토'란 뜻이 아닙니까. 5년 전 '월간정토'는 혼탁한 중생 세계를 정화하는 부처님의 사상을 널리 펴고자 하는 원력으로 발간되기 시작한 것으로 알고 있습니다. 처음에는 방 한 칸 빌려서 어렵게 시작했지만 뜻있는 이들과 힘을 모으기 위해서 분주히 애를 쓴 원력이 오늘의 '정토'를 만들었고, 그 원력에 힘입어 널리 배포된 월간정토와 인연한 이들이 모여 이 자리를 만들었습니다. 여러분이 월간정토를 통해서 변변치 않으나마 이 노장의 생각을 엿본 가족이라고 생각하니 비록 오늘 처음 만났어도 아주 오래전부터 만났던 가족과 같은 마음입니다.

또한 도문 스님이 수십 년 전부터 원력을 세워 이 성지를 입수해서 부처님 벽화를 그리고 여러 가지 정성을 쏟은 것을 보니, 겉으로 보기에 번듯한 법당은 없으나 눈에 보이지 않는 훌륭한 법당이 이룩되어 있음을 느낄 수 있었습니다. 또 이 허허벌판에 가건물을 지어놓고 노천에서 밥을 끓여서 모든 이들을 위해 공양 짓는 그 알뜰한 정성 또한 눈물겨웠습니다. 아마 머잖은 장래에 명실공히 이 나라 불교를 일으켜 세울 본산 격인 성지로 자리 잡아서, 지금의 혼탁한 국가를 정토로 변화시키고 남북 동족이 서로 손을 잡고 눈물 뿌리며 반갑게 맞이할 그날을 다가오게 할 줄 압니다.

지금 이 자리에는 천 명도 모이지 못했지만, 전국을 통해서 보면 비록 몸은 달리하고 흩어져 있더라도 눈에 보이지 않는 울타리를 형성하고 있는 수많은 이들이 있습니다. 우리의 육체는 갈라져 있지만 부처님의 정토사상이 우리를 연결해주고 있고, 그것으로 인해서 우리는 24시간 정토를 향해서 부단히 노력하고 정진하는 염불방 대중이요, 선방 대중이요, 간경의 대중인 것입니다. 우리 각자는 각처에서 정토의 일원으로서 항상 자기를 반성하고 부처님의 계명을 깊이 아로새기면서 정진하고 노력하는 사부대중입니다. 이렇게 우리는 항상 정토 가족임을 염두에 두기 때문에 비록 홀로 떨어져 직장에 있더라도 많은 대중 속에서 하루하루 정진하면서 살아가는 불자들이 아닙니까. 우리는 어떠한 처소에 있더라도 부처님의 은총 속에서 하루하루 행복하게 사는 역군입니다.

조금 전 법문하기 전에 잠깐 대회장을 들여다보니 안내자의 진행에 맞추어 모두들 박수를 치고 소리를 지르며 즐거워들하고 있었습니다. 그야말로 불심이 훈훈하게 집을 울리고 있는 모습을 들여다보면서 참으로 기뻤고 가슴이 뭉클했습니다. 우리 인간에게 이러한 위대한 본성이 있었구나. 그런데 왜 인간들은 서로 반목하고 질투시기하고 예토세계를 구사하고 살아가느냐. 그러하니 우리는 하루빨리 생각을 고쳐서 정토세계를 건설하자고 모두들 힘껏 정진해야 하겠습니다. 우리 국민뿐 아니라 전 세계가 진리를 모르고 헤매고 있는 때입니다. 여러분은 바로 이 시대 이 나라의 가장 중대한 책임을 지고 나온 부처님의 사도입니다. 우리 불자들은 부처님의 자비 광명을 삼천리강토에 뿌려서 전쟁이 사라지고 서로를 사랑하는 정토로 바꾸어 보자는 원력을 가지고 오늘 이 자리에 모였습니다.

모두 바빠 생활하지만 우리의 모든 생활 자체가 수도입니다. 우리의 위대하고 빛나는 자리는 잠시도 자기를 떠난 때가 없습니다.

아무리 좋은 보배라도 안전한 곳에 열쇠를 채워두고 올 수 있지만 빛나는 이 주인공은 잠시도 자기를 여의고 어디 보관해두고 올 수가 없습니다. 빛나는 자기, 항시도 자기를 떠나지 않는 그 자기를 똑바로 보자는 것이지요. 어느 곳에서나 자기가 있는 그 빛나는 자기를 반성하는 것이 부처의 세계를 더듬어 가는 길이 아니겠습니까.

어느 곳에 있더라도 우리는 자기의 생명을 찾아내는 작업을 해야 합니다. 이것이 인생입니다. 일을 하든지 펜대를 들든지 뭘 하든지 간에 자기가 없는 시간이 없습니다. 그 자기를 똑바로 보고자 한다면 보수가 적다는 등 그런 얘기가 있을 수 없습니다. 그건 불교의 진리를 몰라서 하는 행동입니다. 우리가 하는 행동은 각자 자기의 세계를 건설하는 것입니다. 누가 보시를 주고 임금을 준다고 해서 일하는 것이 아니라, 사회의 일원인 한 생명체로서 내가 열심히 자기 인생을 살 때 우주는 그대로 보시를 던져줍니다.

이런 인생관을 모르기 때문에 세상이 이권과 명예에 사로잡혀서 투쟁하고 형제간에도 갈등이 일어나는 것입니다. 부처님의 가르침을 똑바로 안다면 아무 노력하지 않아도 그대로 태평성대가 되고 웃음이 풍족하고 만민이 즐거워하는 장애 없는 따뜻한 정토가 건설됩니다. 세상 사람들은 이 밝은 이치를 너무도 모릅니다.

그래서 잘 살려고 하면서도 결국은 구렁텅이로 향하는 길로 갑니다. 마치 동쪽으로 가고자 하면서도 서쪽으로 가는 것과 같습니다. 행복하게 살려는 욕심을 부리면서도 불행하게 사는 길로 자꾸 들어 가게 된다는 말입니다. 우리가 사는 길이 다른 데 있는 게 아닙니다. 눈앞에 빛나는 마음자리를 놓치지 않고 부단히 정진하면 복덕의 길이 열리는 것이요, 그 길을 묵과할 때 스스로 불행에 떨어지는 것이지요. 불교는 어떤 기적이나 요행수를 말하는 게 아닙니다. 진리가 딴 데 있는 게 아닙니다.

옛날에 화재가 나면 집을 태워버리고 홍수가 지면 모든 물건을 떠내려 보내고 바람이 불면 모두 날려 보내니까 불이나 물이나 바람 속에 신출귀몰한 신이 붙어서 작용한 것이라고 생각했습니다. 그렇게 화신이니 풍신이니 수신이니 하는 여러 가지 신을 산출해 내는 시대가 있었지요. 그러다 인간에게 조금씩 지혜가 열리기 시작하니까 재앙이라는 것이 신 때문이 아니라 사람들이 이용을 잘 못해서라고 사고하기 시작했습니다. 불을 잘못 취급하면 집을 태우지만 잘만 이용하면 집을 태울 리가 없이 자유자재로 편하게 이용하게 되고, 물도 둑을 쌓아 잘 이용하면 피해를 안 입는데 우리 인간의 지혜가 모자라서 물을 막지 못해 피해를 입고, 바람도 잘 이용하면 쓸모가 많이 있음을 알게 된 것입니다. 그래서 다신교의 시대를 벗어나게 됐습니다.

무엇이든 우리 인간의 지혜로 잘 쓸 때 거기에 진리가 있고, 우주의 진리를 역행할 때 재앙이 생깁니다. 물이 아래로 흘러가는 것을 조절하지 못하면 둑이 터지게 되고 불에 타고 있는 것을 발견 못하면 모두 다 태워버리고 마는 것이지, 물이나 불이나 바람이 자체가 어떠한 작용을 하는 것은 아닙니다. 이 세상의 진리도 천고에 흘러가는 진리인데 그 진리에 우리가 순응해 가면 복되게 사는 것이고 어긋나게 하면 불행해집니다. 복이나 불행이 어떤 기교나 신통 변화에 의한 것이 아닙니다. 부처님이 진리를 창출해내거나 힘을 과시해서 우리에게 복을 주거나 화를 주는 게 아닙니다. 부처님은 이 반듯한 진리를 찾아가라고 깨우쳐 준 분이지, 무슨 물건 하나를 만들어서 나를 따라오면 복을 얻고 나를 외면하면 아무리 착하게 해도 멸망한다는 넋 빠진 소리를 하지 않습니다. 부처님의 팔만사천 법문은 철학이요, 과학이요, 그 이상의 밝은 이치를 설명합니다. 기적이나 요행수를 말하지 않습니다.

불교는 각성, 꿈을 깨라는 종교입니다. 부처님만 믿고 따라가라는 가르침이 아닙니다. 부처님은 각자가 꿈만 깨면 누구나 동등한, 절대 평등한 부처라 했습니다. 그래서 마음과 부처와 중생은 차별이 없다 했습니다. 모두가 다 위대한 부처를 갖고 있다는 말씀입니다. 몸은 비록 육척단구이지만 그 빛나는 정신은 우주의 삼천대천세계를 다 마셔도 비좁은 게 없습니다. 모양이 없기 때문에 그놈을 똘똘 뭉쳐서 바늘구멍으로 몰아넣을 수 있으며, 모양이 없는 자리이기 때문에 천만 명의 자리를 포개 놓아도 거리낌이 없습니다. 여러분이 앉아있는 그 자리를 가만히 돌이켜 보십시오. 무슨 모양이 있고 빛깔이 있고 무슨 냄새가 납니까. 그것이 주인입니다. 모양이 있는 이 육척단구가 자기가 아닙니다. 모양도 빛깔도 형단도 없는 그 빛나는 자리를 떠나가면 육체는 말라 시든 나뭇가지 마냥 아무 작용도 못하는 무정물입니다. 눈이 있어도 안 보이고 귀가 있어도 안 들립니다. 불교는 이렇게 간단하고 쉽고 누구나 알 수 있는 진리입니다.

좋은 길을 가면 쉽게 목적지에 도달합니다. 길을 잘못 들면 가시밭에 들게 되어 가시에 옷이 찢기고 살도 찢겨가며 무한한 고생만 하지 앞으로 나아가기도 어렵고 목적지에 도달하기는 더욱 어렵습니다. 대도大道라는 것은 평탄하고 쉬운 길입니다. 오히려 사도邪道, 기차가 레일을 탈선하듯이 잘못 가는 길을 가기 때문에 무한히 고통스럽고 헤매고 불행해집니다. 인간 상식과 이론에 벗어나는 맹목적인 신앙이라는 것은 인생을 얼마나 불행하게 합니까. 부처님의 가르침은 누가 들어도 긍정할 수 있고 어느 시대에 어느 지방에 내어놓아도 이의를 달 수 없는 반듯한 이론입니다.

우리는 이 시대에 이 국토에 나서 할 일이 많습니다. 불교 운동은 각성의 운동입니다. 마음의 평정을 구하고 마음을 깨치는 것이 바로 정토 운동입니다. 불교의 자비 사상은 이 사회를 평정하고 하루아침에라도 평화로운 정토를 건설할 수 있습니다. 그러므로 우리가 모두 힘을 모아서 이 나라를 구제하는 데 역군이 됩시다.

사회생활 속에서 일하는 가운데 수행하는 법을 듣고 싶습니다

일을 하든지 않든지 공부와는 하등 상관이 없습니다. 일은 정신으로 하기도 하지만 육체로 하는 것이 거지반입니다. 그런데 이 공부라는 것은 육체로 하는 게 아니고 마음으로 하는 것입니다. 사실 마음이라 이름 붙이는 것이 정확히 맞지는 않지만, 머리가 있는지 꼬리가 있는지, 모가 났는지 둥근지, 흰지 푸른지, 냄새가 나는지 도무지 모르는 모양이 없는 마음으로써 공부를 합니다. 손으로 하는 것도 아니고 발로 하는 것도 아니고 눈으로 하는 것도 아니고 귀로 하는 것도 아닙니다.

공부라는 것은 무엇이냐? 자기 자신을 알아내는 것입니다. 그래서 화두를 드는 이도 있고, 주력을 하는 이도 있고, 경을 열심히 연구하는 이도 있습니다. 이렇게 자기 자신을 아는 여러 가지 방법은 있으나 그 근본이치는 하나입니다.

여러분에게 왜 공부하려고 하느냐 물으면 "모든 것이 내 마음대로 안 되고 괴로움이 많으니까 그들을 끊어버리려고 한다." 다시 말해서 '견성見性 성불하기 위해서'라고 답하실 것입니다. 불교는 나고 죽는 문제를 해결하자는 것이지요. 우리 육체는 나고 죽음을 피할 수 없는데 이 나고 죽음이 없는 그것을 한번 깨달아 괴로움을 없애야 하겠습니다. 오락으로 하는 것이 아니고 내 인생에 둘도 없는 가장 중대한 문제입니다. 이 중대한 문제를 해결하자고

하는 것이 공부입니다. 염불하고 참선하고 독경하는 것이 심심풀이로 하는 것이 아니란 말이지요.

나의 전 생명을 바치고도 못 깨치면, 올 때도 어디서 왔는지 오리무중으로 모르고, 갈 때도 어디로 흘러갈지 모르고, 현재 사는 것도 자기 위치를 모릅니다. 누가 웃기면 웃고 누가 부아 지르면 부아 내고, 마치 깃발이 바람에 부는 대로 날리듯이 자기 위치도 모르고 흔들거리며 삽니다. 그러고 나면 이 생명은 백 년 안쪽에 떨어질 텐데 또 나고 죽는 탁류에 흘려보내려고 합니까? 이것이 참 큰일입니다. 그러니 이 중대한 문제를 잊어버릴 수 없지요.

우리가 누구한테 억울한 소리를 들어도 마음이 상해서 잊히지 않습니다. 중상모략을 받아서 억울한 생각이 나면 밥맛도 떨어지고 밤잠도 안 올 정도로 잊히지 않습니다. 편지 한 장 쓸 동안에는 분한 생각이 좀 쉬어지지 않겠나 해도 한 자 한 자 쓰면서 분한 마음이 계속됩니다. 그 조그마한 분한 생각도 오래가는데, 인생이 영원히 오리무중으로 떠내려가는 것은 얼마나 원통하고 분합니까. 이것은 잊으려야 잊을 수 없는 문제입니다. 일이라는 것도 왜 하느냐 하면 다 행복하게 살기 위해서 합니다. 공부하는 것도 영원히 행복하게 살고자 하는 것입니다.

일을 해도 철저한 발심이 서고 각성이 되어서 하면 직장에서 어떤 일을 해도 그 정신이 가시지 않습니다. 그 정신이 놓쳐지지 않을 때 그것이 곧 화두입니다. 화두를 놓치지 않는다면 설령 잠을 자더라도 꿈속에서조차 문제를 가지고 잡니다. 일을 하면서도 일에 상관없이 화두를 계속 잡고 있을 수 있습니다. 오히려 일하는 데 피곤해하지 않고 능률적으로 하면서 공부는 공부대로 할 수 있습니다. 어느 직장에서 어떠한 일을 하더라도 생각이 하나 철저하면 일에 방해되어 공부 못하는 법은 없습니다. 일을 안 하고 두 다리 뻗고 자면 오히려 맥이 풀어지지만, 오히려 일을 하면서 공부를 하면 더 정성스럽게 하기 때문에 에너지도 발동하고 더 성성이 또렷이 될 수 있습니다.

윤회설에 대해서 말씀을 듣고 싶습니다

이 세상의 물건 중 윤회하지 않는 것은 없습니다. 생명체뿐 아니라 이 컵에 담긴 물도 며칠 후면 다 증발하여 없어집니다. 물은 구름으로 윤회하고, 추우면 눈으로 윤회하고, 우박으로 윤회하고, 얼음으로도 윤회합니다. 그러나 물이라는 자체는 변하지 않고 그대로 물입니다. 얼음이 되었다고 해서 물이 없어진 것은 아니지요. 우리 사람이 윤회하는 것도 행동을 잘하면 사람의 몸을 받지만 마음을 금수禽獸같이 쓰면 그 업業으로 소나 말이나 개로 됩니다. 악하게 쓰면 지옥으로 가고 다시 그것이 귀신이 되어 설치고 다닙니다. 마치 물이 구름이 되었다가 안개가 되었다가 얼음이 되었다가 물이 되는 것과 마찬가지로 소 되고 말 되고 자꾸 윤회하는 것입니다. 물건도 가만히 있지 않고 윤회하는데 분명하게 아프고 슬프고 온갖 작용을 하는 그것이 없어지겠습니까. 이 육체가 없어졌다고 해서 없어지는 것이 아닙니다. 자기 지은 업대로 삼계 육도에 항상 윤회하고 있습니다. 이 윤회에서 벗어나는 것이 '오도悟道'입니다. 꿈을 깨버리면 윤회에서 벗어날 수 있지요.

우리가 밤에 잠을 자면 꿈을 꾸지요. 꿈에도 좋은 꿈이 있고 괴로운 꿈이 있는데, 누가 칼을 들고 덤빈다든지 미친개가 물려고 달려들면 꿈이지만 괴로워합니다. 꿈에도 안 물리려고 도망가든지 같이 싸우든지 하다가 그만 소스라쳐 깨곤 하지요. 깨고 보면 자기 스스로 꿈에 속은 것을 깨닫게 됩니다. 깨기 전까지만 해도 쩔쩔매다가 말이지요. 일단 깨면 꿈이라는 세계는 없어졌지만 꿈에 즐거워했던지 괴로워했던지 괴로워 한 주인공은 분명 자기였습니다. 이 주인공은 없어지지 않습니다. 자기가 어떻게 없어지겠습니까.

그래서 자기 뜻대로 안 된다고 해서 약을 먹고 자살하는 사람들은 참 미련한 사람이라 하지 않을 수 없습니다. 죽어서 문제가 해결된다면 내가 오히려 사람 죽이는 운동을 하겠습니다. 죽어서 해결되는 것이 아니라 오히려 죽는 괴로움까지 뭉쳐 가지고 더 큰 고통을 자기가 만들고 있는 것입니다. 우리는 항상 자기가 지은 업대로 윤회하고 있습니다.

큰스님들 뒤에는 옹호신이 있다는 얘기를 들었는데 정말로 있는지 듣고 싶고, 제가 신도도 옹호신의 보호를 받을 수 있는지 알고 싶습니다. 받을 수 있다면 어떤 수행을 해야 하는지요?

신이라는 것은 밝은 정신을 뜻합니다. 흐리멍덩하고 탁한 것은 신이라고 말하지 않지요. 우리가 착한 생각을 낼 때 그 자신이 바로 신입니다. 우리가 바른 수행할 때 우리가 바로 신입니다. 향을 가지고 있으면 향내가 나고 똥을 누면 구린내가 풍깁니다. 우리가 맑은 정신으로 살 때 우주의 향취가 자기를 보호하는 신장으로 작용하는 것이지 신장이 따로 있는 것은 아닙니다.

승려든 아니든 누구라도 수행을 하면 다 신장이 보호합니다. 사실은 자기가 우주 전체입니다. 무엇이든지 자기 자신에게서 일어납니다. 탁한 물을 떠놓으면 그 물에는 달빛이 안 비치지만 물이 맑으면 달빛이 비치듯이, 신장이라는 것은 정의를 다스리는 밝은 기운입니다. 마음을 맑게 해서 모으면 그 신장의 힘이 비칠 것 아니겠습니까. 그러니 신장이 달리 없지요. 내 마음속의 신장과 밖의 신장이 둘이 아닙니다. 내가 사심 없이 원을 세운다면 바로 자기 속의 신장이 끌어 나오는 것이지 밖의 신장이 생겨나온 것은 아닙니다. 내가 신장님 탱화 앞에서 무릎 꿇고 기도하면 탱화 속에서 신장이 기어 나오는 것이 아니라 바로 자기 속의 신장이 일어나는 것입니다.

가령 충무공이나 안중근이나 독립투사의 동상 앞에서 "이 나라 국민을 위해서 희생한 위대한 애국자구나!" 하고 절을 한다면, 동상을 봄으로 해서 고개 숙이는 마음이 났으니 그 마음이 동상 속에서 나왔다고 말할 수 있습니까. 사실은 자기 속에서 나온 것이지요. 그러하듯 바깥의 부처를 보고 교훈을 더듬을 때 내 부처가 발동하는 것입니다. 우리가 법당의 불상 앞에서 향을 꽂고 앉아있을 때 참으로 부처님 품에 안긴 듯한 마음이 드는 것은 자기 안의 위대한 부처와 과거의 원력 부처가 만났기 때문입니다. 물이 맑으면 달빛이 그대로 비치듯이 내 마음이 모든 사방의 부처님이나 신장님과 통할 수 있는 마음가짐을 가질 때 다 감응하고 오는 겁니다.

기쁨이 넘치는 생활의 힘

산에 묻혀 있는 금광석은 잡철이 섞여 있어서 정금을 하지 않은 그 자체로서는 아무 쓸모가 없습니다. 우리에게 있는 불성이란 것도 광산에서 파내지 않은 금과 마찬가지로 번뇌 망상 속에 뒤섞여 있어서 그대로는 부처의 모습을 보지 못하는 것이지요.

그런데 광부가 땀을 뻘뻘 흘리면서 광산에서 금을 파내어 용광로에 녹이고 자꾸 정금을 해서 일단 완전히 금이 되고 보면 어떻습니까. 비녀도 만들고 가락지도 만들고 술잔도 만들고 온갖 것을 만들어도 그 금은 변함없이 소중한 금이지요. 비녀를 만든다고 해서 금이 변하는 것도 아니고 술잔을 만든다고 해서 금이 변하는 것이 아니라 전부 다 금입니다. 이렇게 해서 한번 금이 되면 다시 돌 속에 버려져 섞이지 않게 됩니다. 마찬가지로 우리가 불성을 찾아 한번 깨치고 보면 성을 내도 그 자리요, 울음을 울어도 그 자리요, 모든 행동이 그대로 그 자리입니다. 그러니까 부처의 그 자리를 한번 얻어 놓으면 탐貪·진瞋·치癡로 얽혀있는 그 생사

속에 막 뛰어들어서 중생과 똑같이 생활하여도 조금도 상함이 없는 생활을 할 수 있게 되지요.

이것이 불교 사상입니다. 불교는 다른 데 있는 게 아닙니다. 정치·경제·문화 등 일상적인 우리 생활 속에 불교가 살아있는 것이지 불교의 진리라고 따로 어디 선반에 올려둘 수 있는 것이 아닙니다. 한 마디로 이 세상에서 우리 모두 행복하게 잘 살 수 있는 그 길을 선택해 나가자는 것이 불교입니다.

사실 누구에게 물어봐도 이 세상 사람들의 목적은 다 똑같습니다. 누구 하나 내 인생을 함부로 살겠다는 사람은 한 사람도 없습니다. 모두 다 잘 살려고 합니다. 그런데 그렇게 모두 잘 살려고 하는데 왜 잘못 살고 서로 부딪치고 괴로워하느냐 하면 근본이치를 모르고 욕망을 좇기 때문입니다. 남을 해치고도 어떻게 자기가 잘 살아지고, 물건을 부수고 남과 다투면서 어떻게 자기에게 복이 돌아오겠습니까. 남을 해치고 남을 원망하는 그 순간에 이미 자기 마음부터 벌써 악의 가시가 돋치고 마음이 약해져 버리니 그야말로 자신에게 올 복까지도 깎아 먹게 됩니다.

그러면 어떻게 해야 잘 살 수 있겠습니까? 잘 살 수 있는 방법은 모르면서 잘 살려는 목적만 달성하려고 드는데, 아무리 좋은 곳에 가려 한다 해도 그 길을 모르면 잘못된 길로 들어서 가시밭에 헤매다 옷에 찢기고 살도 긁히고 얼마 나아가지도 못하면서 애만 먹기 쉽습니다. 우리 중생이 잘 살 수 있는 정당한 길, 우주의 공도진리를 비켜두고 욕망의 가시밭을 기어가다 보니 엎어지고 자빠져서 불행해지고 온갖 병이 생기는 것입니다. 이것이 오늘날 중생들이 사는 모습입니다. 부처님께서는 이것을 측은히 여겨 가지가지 방편으로 팔만사천 법문을 명시하셨습니다.

오늘날 우리 사회가 물질적으로는 상당히 풍요로우면서도 오히려 살기가 어렵고 힘들다고 아우성인 것은 정신이 병 들어서입니다. 사실 오늘날처럼 정신이 빈곤한 시대는 일찍이 없었습니다. 자기 것을 누가 빼앗을까 봐 담을 쌓아놓고도 걱정이 돼서 혹시 도둑이 들어올까 봐 항상 신경을 곤두세웁니다. 대낮에도 문을 잠가 놓고 서로서로 다투면서 살아가는 모습이 살풍경을 이룹니다. 인간이 살아가려면 물질이 필요하지만 물질이 곧 인간을 행복하게 해주는 것은 아닙니다. 정신상태만 고치면 지금보다 훨씬 가난하게 살아도 풍부하게 사는 세계가 열립니다. 참다운 눈을 뜨고 정신을 차려 행복하게 사는 것이 불교의 선禪 사상입니다.

선禪은 생활 속에서 이루어지는 것입니다. 아무리 금쪽같은 진리라 하더라도 일상생활을 여의고는 우리 인간에게 하등의 이익이나 상관이 없습니다. 손 움직이고 발 움직이고 울고 웃고 이웃 간에 항상 대화하는 그 일상 속에서 24시간 불교를 찾는 생활, 그것이 선입니다. 선을 닦으면 항상 마음에 여유가 있어 누가 욕한다고 하더라도 내 마음 저 깊은 곳에 그것이 닿지를 않습니다. 어떠한 경계라도 내 마음의 문밖에서 얼씬거릴 뿐이지요. 누가 아무리 부아를 내도 씩 웃을 수 있고 오히려 "저 사람이 얼마나 속이 답답하고 괴로우면 저렇게 부아를 낼까? 네가 아직도 그렇게 헤매니 참 불쌍하구나." 하면서 어떻게 맞장구를 치겠습니까. 그래서 항상 선 생활을 할 때에 세상을 아주 원만하고 풍족하고 여유 있게 잘 살아갈 수 있으며 하루하루가 복되고 힘찬 날들이 됩니다.

그렇게 여유 있고 멋지게 인생을 살아가는 기쁨은 선이 아니고는 찾아보기 어렵습니다. 우리가 그런 기쁘고 바른 인생관을 확보하려면 가나오나 24시간 항상 선을 해야 합니다. 만약 선하는 태도가 삐뚤어져 버리면 온갖 경계가 나를 침범해 들어옵니다. 평소에 선을 해서 내 중심을 딱 가지고 있다면 비록 내 목숨을 빼앗아 가는 경계가 온다 하더라도 태연자약하게 대처할 수 있는 지혜가 생깁니다. 이런 점에 불교의 위대한 이치가 있는 것이지, 무슨 신통력을 부리거나 신기하고 묘한 이치를 말하는 게 불교가 아닙니다. 우리가 일상생활에서 자기 인생을 밝혀가는 그 방법이 선이고 수행입니다.

사실 지금처럼, 항상 가나오나 앉으나 서나 하는 것이 참선인 것을 이론으로 설명한다는 것은 벌써 일을 그르친 것입니다. 그러나 여러분들 중에는 그 근본 뜻을 아시는 분도 계시겠지만, 또 아직도 중간에서 어리대는 분도 있고 하여 의문이 있을 테니 그런 이론이 아니고는 참선이 되지 않는 경우가 많습니다. 그러니까 이 이야기는 사실 못하는 사람을 위해서 하는 것입니다. 참으로 잘하는 사람 앞에서는 입을 벌리기 전에 눈만 마주치면 서로 통하는 게 있습니다. 큰스님들이 할喝을 하고 방망이질棒을 하는 것이 무슨 이론이 모자라서 그러는 것이 아니라 그 언저리 깊은 곳을 찌르는 것입니다. 그렇게 해서 대번 알아차리면 되는데 그리 못할 때는 부득이해서 이야기를 하는 것입니다.

하지만 스스로 알아차리지 못하면 종일 이야기해도 모자라는 것입니다. 아무리 좋은 법이라도 못 알아듣는 법, 그것은 법이 될 수 없습니다. 그러니까 법을 알아듣게 하기 위해서는 차츰차츰 끌어올려서 참으로 입을 벌릴 수 없는 자리까지 올려야 되는데 그것은 대번 하루아침에 되는 것이 아닙니다. 꾸준히 노력해야 합니다. 한 번에 되는 것은 하나도 없습니다. 기술을 배워도 몇 달이 걸리고 자전거 하나 타는 것도 며칠씩 익혀야 제대로 됩니다. 처음에 자전거를 탈 때 안 넘어진 사람이 어디 있습니까. 처음에는 자꾸 넘어져서 무릎도 깨지고 자전거도 부서집니다. 이때 안 된다고 포기해버리면 그 사람은 영원히 자전거를 못 타지요. 그 안 되는 게 자꾸 쌓여서 되는 것입니다.

정진을 하다가 안 된다고 포기해 버려서는 안 됩니다. 해서 안 되는 것이 자꾸 쌓이다 보면 몇 달 동안에 안 되던 것이 찰나에 되는 이치가 있습니다. 무엇이든지 쉽게 획득하려고 해서는 안 됩니다. 기술을 하나 배워도 그렇고 수학, 영어 같은 공부를 해도 몇 해가 걸리는데, 생사를 초월하는 위대한 이치를 배우는 일에 하루아침이나 몇 날 며칠을 배워서 한다는 것은 이치에도 안 맞는 일입니다. 부처님 법을 자꾸 듣고 또 듣고 해서 우리의 정신이 확실히 부처님 법에 젖어들어 가나오나 앉으나 서나 부처님 법 속에서 사는 선업을 익혀야 부처의 세계에 들어가게 됩니다.

책도 보고 꾸준히 정진하면, 한 숟갈 밥 먹으면 먹은 만큼 배불러지듯이 노력하는 대로 내 인생에 빛이 되고 힘이 됩니다. 저절로 우연한 기적으로 이루어지지 않습니다. 자꾸 하면 누구나 안 될 수가 없습니다. 쉽게 되면 다행이지만 혹 쉽게 안 된다고 해서 포기해서는 안 됩니다. 이런 길이 아니고는 달리 우리의 인생을 개척하는 방법이 없습니다.

근래에 서양의 지성인들이 선禪을 흉내 내고 있다는 소리를 듣습니다. 지금까지의 인류문명이 한계에 부딪히고 병들어 있어서 뭔가 새로운 문화를 개척하지 않고서는 안 되겠다 싶은 것입니다. 과학문명 자체를 부정해야 한다거나 잘못됐다고 하는 것은 아닙니다. 과학 자체는 선善도 아니고 악도 아닙니다. 여기 칼 한 자루가 있다고 할 때 이 칼 자체는 악하고 선한 게 아니어서 선하게 쓰면 우리 생활에 편리한 칼이 되지만 악하게 쓰면 사람을 죽이는 악한 칼이 되는 것과 마찬가지입니다. 오늘날의 과학문명도 참으로 행복하게 살아갈 수 있어야 합니다. 그러나 과학문명이 서로의 욕심을 좇아 어긋난 데에 쓰이게 되니 인류 모두가 파멸할지도 모르는 그런 위기의 시대에 서게 된 것입니다.

우리의 모든 문화가 절름발이 문화가 되지 않고 참으로 모두가 행복하게 살 수 있으려면 화합에 바탕을 둔 불교문화를 개인부터 하나하나 실천해 나가야 합니다. 우리의 참선 실천을 통해서 가는 곳마다 향내가 나고 빛이 날 수 있어야 합니다. 그러면 입을 벌리기 전에도 그 여파가 모든 이웃에 도움이 되는 것입니다. 마치 향을 신문지에 싸두어도 향내가 풍기듯이 우리의 마음 자체가 빛을 풍기면 가나오나 주위에서 그 은혜를 입게 됩니다. 이렇게 되면 일거수일투족 그대로가 모두 설법이 되는 것이지요. 우리가 참으로 진정한 자기를 해결하기 전에는 남을 도와줄 수 없다는 것도 그런 때문입니다.

불교는 바로 이것을 실현하자는 것입니다. 여러분도 이런 이론이나 이야기보다는 참선을 익혀야 합니다. 제 생각으로는 오늘도 여러분에게 피해를 많이 입힌 듯합니다. 여러분의 깨끗한 마음자리에 내가 이야기를 해서 파도를 일으킨 격입니다. 금싸라기 같이 좋은 부처님의 말씀일지라도 눈에 들어간 금싸라기는 객이듯이 공부하는 마당에는 다 마장입니다. 이제는 들은 것을 실질적으로 실현해가는 것에 의의가 있음을 잊지 말도록 합시다.

갈고 닦는 순간순간 열리는 도

누구보다도 열심히 사는 사람이 불자라고 하셨는데, 열심히 한 결과 그 목표를 다 이루지 못하거나 혹 목표에 도달했다 해도 불의의 사고로 쌓아온 공을 다 잃는 경우도 많거든요. 그런 경우 열심히 한 만큼 더 좌절하는 것이 우리 중생들입니다. 물론 큰스님께서 늘 말씀하셨듯이 우리가 하루하루 살아가는 그 과정을 소중하게 여길 줄 알아야 되는데, 과정을 무시한 채 항상 목표를 달성하는 데만 집착하고 살아가는 것이 중생들의 일상이니까요.

하루를 살든지 열흘을 살든지 찰나찰나에 사는 태도가 중요합니다. 내가 한번 뜻을 세우고 좋은 사업을 해왔다면 혹 도중에 실패하더라도 그동안 노력한 만큼은 쌓여 있는 것이지요. 반면에 내가 어떤 사업을 요행으로 어렵지 않게 성공했더라도 그동안의 내 노력이 정당하게 따라가지 못했다면 결과가 아무리 훌륭해 보여도 그것은 진정한 의미의 성공이 못됩니다. 자기가 충실히 산 거기에 가치가 있지, 혹 성공하면 금상첨화로 좋기는 하지만 그 목적에 기준을 두어서는 안 됩니다. 목적달성에만 급급하다 보면 비윤리적으로 인간의 도리에 어긋나는 일도 일어나게 됩니다. 인생의 가치는 그 사람이 하루하루를 어떻게 귀중하게 살았는가에 달려 있습니다.

어떤 물품을 지성으로 만들었는데 그것이 불에 타 삽시간에 없어졌다 하더라도, 그것을 만드는 동안 하루하루를 충실하게 살아오면서 자기 인생에 쌓아올린 금자탑은 타지 않습니다. 스스로 행한 노력 자체가 그대로 자신에게 남는 업이지, 노력한 결과물 자체가 내 업은 아닙니다. 모든 물질은 다 허무한 것이라 애착하고 붙들고 매달릴 물건이 못 됩니다. 그런데 또 우리가 이 물질을 여의고 어떻게 살겠습니까. 이 몸도 물질인데 이를 무시할 수 없으니 밥도 먹이고 몸도 닦아주고 아프면 약도 먹여주어 항상 몸의 노예 노릇을 안 할 수 없어요. 몸이라는 것은 무너질 것임을 뻔히 알지만 속고 합니다. 하지만 이렇게 우리가 속으면서도 몸을 기르는 것은 살아가는 동안에 할 일을 하기 위해서이지 그저 몸을 기르기 위해 기르는 것이 아닙니다.

사업을 할 때도 그 태도가 중요합니다. 사업의 결과물보다 사업하는 과정과 태도를 중요시할 때 그 사회가 평화롭습니다. 목적만 달성하겠다고 해가지고는 불행해집니다. 인생이 불행한데 목적 달성하면 무엇 하겠습니까. 결과는 불문하고라도 무슨 일이든

시초, 출발점부터 생활이 원만하고 화평하게 진행되는 태도가 중요합니다.

내가 노동하여 얻은 결과물이란 것은 후에 내가 쓰든지 남이 쓰든지 물에 떠내려가든지 그것이 별로 중요한 문제가 아니고, 정말 중요하게 여겨야 될 것은 물질을 만들기까지의 과정이라 말씀하셨습니다. 이 말씀 들으면서 생각나는 것이 있는데요, 우리가 등산을 할 때도 정상까지 올라가는 과정이 소중하지 않겠습니까. 그런데 사람들은 자꾸 산꼭대기에 올라가서 내려다보는 것만 중요시합니다. 마찬가지로 수행이라는 것도 깨달음으로 가기 위해 하루하루 정진해가는 과정이 정말로 소중하다 할 수 있겠는지요?

그렇습니다. 가령 내가 남을 해치지 않고 게으름 안 피우고 열심히 정진한다면 거기서 벌써 내내 성과를 이룬 것입니다. 그렇게 열심히 정진하는 그 생각에 무슨 결함이 있겠습니까. 고뇌하고 노력하는 찰나찰나에 도를 얻은 것이지 꼭 다 얻어서만 얻은 것이 아니지요. 한 생각 선善을 일으키면 그 사람은 벌써 선한 사람이 되는 것입니다. 또 악한 생각을 일으켰다면 혹 행동으로 옮기지 않았더라도 악한 사람이 됩니다. 악한 생각을 낼 때 뭔가 저지레를 하게 되고 남에게 피해를 주게 되어 그만큼 사회에 파장을 치거든요. 그래서 우리가 한 생각 한 생각 하는 그것이 도道이지 그것을 여의고 따로 뭘 묶어서 도라 할 게 없고, 또 다 이루어야 도인 것도 아닙니다.

그런데 많은 사람들이 불교의 뜻을 잘 모르고 오해하여 잘못 신앙하는 부분이 있습니다. 인과因果 같은 경우도 그렇습니다. 흥부가 제비 다리를 고쳐주고 복을 받았다 하니까 박에서 금괴가 쏟아지는 것을 복이라고 생각하거든요. 그런데 사실 아픈 제비 다리를 고쳐주고 있는 과정, 그 순간이 그대로 평화롭고 행복한 것이라는 이치를 모르고 그 결과에만 마음을 쓰지요. 이런 오해 때문에 참선을 하면서도 깨달음이라는 박 바가지가 떨어지는 것에만 매달려 하나하나의 과정을 놓치게 되는 경우가 나오지 않는가 생각됩니다.

흥부 이야기는 사람들이 워낙 어리석으니까 과장하여 한 말이지, 만약 작은 선행 하나 하고 정말 금 조각이 우르르 쏟아진다면 모두들 그런 요행수나 기다리게 될 테니 그것은 사람 버리게 하는 소리밖에 안 됩니다. 그런 투기사상이나 도박사상 같은 속에 복이 있을 수 없지요. 사실 그런 이야기는 어린아이 달래는 소리밖에 안 됩니다. 진리의 눈으로 보면, 요행이나 횡재가 떨어지길 바라고 선을 한다는 것은 말도 안 되는 소리입니다.

제비의 다친 다리를 보고 처량한 마음에 약 발라주고 처매어주는 그것에서 행복을 느끼면 그것으로 결론은 충분합니다. 얘기는 여기서 다 끝나버린 것인데, 후에 '금은보화가 박에서 쏟아져 나왔다'고 과장해서 덧붙인 것은 세상 사람들이 워낙 욕심 속에서 사니까 그 욕심을 위해서라도 '나쁜 짓 하지 말고 착한 일 하라'는 권선징악의 의도라고 할 수 있지요. 선을 하는 그 자체의 기쁨은 모르고 작은 선을 행하면서도 이렇게 하면 뭔가 좋은 결과가 오겠지 하는 기대만 크다면 그런 선행은 자꾸 욕심만 키울 뿐 복이 될 수 없습니다. 그런 식으로 조금 투자하고 크게 얻으려는 마음은 투자심리요 도둑심리지 도道와는 거리가 멉니다. 도는 무아無我의 입장에서 끝까지 베풀면서 그 속에서 느끼는 행복 그 자체입니다. 내가 좋은 일 하면 내 마음이 편하고 악한 일 하면 내 마음이 벌써 괴롭지 않습니까. 이것이 다 같은 이치입니다. 지옥이 어디 따로 있는 것이 아닙니다. 나쁜 일 하면 벌써 양심에 가책을 받아 마음이 편안하지 않고 꿈자리가 어지럽습니다. 이것이 지옥이지 꼭 지옥 가야 지옥이겠습니까. 또 우리가 착한 일 하면 마음이 얼마나 편안하고 만족스럽습니까. 이것이 극락이지 극락이 어디 따로 있겠느냐 말입니다.

《금강경》에 나오는 '응무소주이생기심應無所住以生起心'의 가르침이 바로 그런 뜻을 말해준다고 생각합니다. 그런데 '집착으로 마음을 일으키면 반드시 재앙이 오니 집착을 떠나 욕심 없이 일을 해야 한다'는 데 대해서 많은 사람들이 의문을 제기합니다. 뭔가 집착해야 마음이 일어나고 행동을 하게 되지 집착을 안 하는데 어떻게 마음이 일어나고 행동이 일어나느냐, 욕심 없이 어떻게 행위가 일어나고 마음이 일어날 수 있느냐는 것입니다.

화투장 놓고 도박하는 것은 대개 돈에 대한 집착과 욕심 때문입니다. 보통 때는 한 시간만 덜 자도 눈이 벌겋게 되는 사람이 욕심으로 도박판을 벌이면 며칠 밤샘하고도 끄떡 안 합니다. 그런데 이것은 작은 욕심입니다. 이런 작은 욕심을 채우고자 하면 궁극에는 불행이 오고 끝내 만족이 안 되니 그런 작은 욕심에 집착하지 말고 큰 욕심 부리라는 것이 불교입니다.

석가모니는 그 높은 지위와 권력도 집어던지고 갔습니다. 그것이 보통 욕심이 아닙니다. 우는 어린아이는 곶감이나 과자 하나만 주어도 만족이 되어 울음을 그치고, 욕심이 좀 더 큰 사람은 군수나 도지사 자리만 주어도 만족하고, 더 큰 욕심을 내는 사람은 대통령 자리를 주어야 만족하지요. 그러나 그런 세속의 욕심이란 부처님 욕심에 비한다면 아주 작은 욕심입니다. 그 조그만 세상 욕심으로 눈이 벌겋게 되도록 도박해봐야 얻어지는 것이 무엇입니까. 돈 좀 많이 딴다고 해봐야 건강은 몇 배로 손해 보고 나쁜 습관 들고 망신당하고, 정도의 차이는 있겠지만 욕심에서 얻어지는 것이란 결국 자기 인생을 완전히 깜깜하게 만드는 것들입니다.

그러니 부처님처럼 영원한 자기 생명을 찾는 큰 욕심을 부리라는 겁니다. 큰 욕심을 부려서 일할 때는 오히려 며칠 잠을 안 자도, 피골이 드러나게 일을 해도 피로를 느끼지 않습니다. 그 욕심을 채울 때까지는 그렇습니다. 부처님도 육신이 말라 뼈가 다 드러날 때까지 공부를 했지요. 보통 욕심 갖고는 그런 고행을 못합니다. 영원한 자기 생명을 찾기 위한 큰 욕심을 갖고 공부를 하니 그 어떤 것에도 구애받지 않고 거뜬히 해낼 수 있었지 보통 욕심 갖고는 못 따라갑니다. 아무리 큰 사업을 한다 해도 그런 세속의 일은 부처님 사업과는 비교가 안 됩니다. 도리어 그런 사업은 크게 하는 사람일수록 집착과 욕심이 더 많습니다.

불교는 한없이 큽니다. 영원한 자기 생명을 발견하려는 큰 욕심, 일체중생을 각성시킨다는 큰 욕심이기 때문에 게으름이 있을 수 없습니다. 더 적극적으로 합니다. 어찌 불교가 자포자기하고 무력한 종교라 하겠습니까. 어떤 일이라도 큰 욕심 갖고 하면 죽기 살기로 하지만 작은 욕심으로 일을 하면 자기 안일이나 취하고 조금만 힘들어지면 도피만 하려 합니다.

부처님과 같은 큰 욕심을 따르고자 하는 수행하는 불교인은 어떤 일을 해도 누구보다도 용맹 있게 앞에 나와서 생명 내놓고 합

니다. 불교 믿는 사람은 그저 무력하여 낮잠이나 자고 맥없이 있
는 사람일 수는 없습니다.

鱼行水濁

函庵王二增

행해서 얻는 수행의 힘

불교에서는 일체중생이 모두 성불할 수 있다고 했습니다. 그렇다면 소수 출가수행의 스님들만 부처가 될 수 있는 것은 아닐 것입니다. 세속에 사는 일반 대중들은 어떻게 닦아야 부처 되는 그 길을 갈 수 있겠습니까?

본시 우리가 다 부처입니다. 부처 아닌 사람이 없습니다. 맑은 거울에 먼지가 잔뜩 쌓이면 본래의 광명이 겉으로 잘 드러나지 않지만, 사실 거울 속의 광명은 조금도 축나지 않고 항상 빛을 발하고 있으니 거울 위의 먼지만 털어내면 본래의 밝음이 그대로 발휘됩니다. 우리 중생들도 절대 평등한 부처 자리를 다 가지고 있으면서도 그 자리를 깨닫지 못하고 중생으로 살고 있습니다. 그 한 생각 깨달으면 부처 자리가 나타나니 누구든지 깨달을 수 있습니다. 몇 달 걸려 깨닫는다, 몇 해 걸려 깨닫는다 하는 것이 없습니다. 잠시 앉아 얘기하다가 말 한마디에 금방 깨달을 수도 있습니다.

오히려 승려의 경우는 승려라는 자리 때문에 일반 사람보다 깨닫는 데 더딜 수도 있습니다. 승려는 남을 가르치려면 오히려 팔만사천 여러 가지 복잡한 것을 다 배워야 하고, 그러자니 학문에 팔리어 자기 수양에는 등한하게 될 수도 있습니다. 유능한 의사가 되려면 밤잠을 안 자고 수십 년 동안 의학을 전공해야 되지만 정작 의사 자신이 반드시 건강하지는 못한 것과 같습니다. 의학 공부에만 지나치게 매달리다 보면 의사가 더 골골하고 쉬이 죽을 수 있지요.

물론 몸이 약한 의사라 해도 남의 병을 고칠 자격이 없는 것은 아닙니다. 의사가 명의가 되기까지는 수십 년 동안의 전문적인 연구가 쌓여야 하겠지요. 남의 감기 하나 고치는 것도 생리학이니 병리학이니 여러 가지 지식이 있어야 고칠 수 있지 하루아침에 알아지는 것이 아니니까요. 그렇게 많이 알고 있으니 세상 사람이 의학에 대해 전혀 몰라도 의사가 시키는 대로 몸을 맡기기만 하면 몸의 병이 나을 수 있는 것입니다. 승려 또한 남을 가르치자니 팔만사천 법문을 다 배워서 모든 이론에 밝지 않으면 안 됩니다. 이론에서부터 막힌다면 남을 가르칠 자격이 없는 것입니다.

어쨌든, 처음 절을 찾아온 사람이 몇 마디 주고받는 가운데 홀연히 깨치게 되기도 하고 공부한다고 산중에만 있는 사람의 공부가 오히려 시원찮을 수도 있습니다. 불교학에 팔리면 자기 공부에 있어서는 손해가 됩니다. 불교 교리 하나도 모르는 사람의 마음이 더 단순하니까 한마디 듣고서도 그대로만 따라 하면 견성하기가 쉬운 측면이 있습니다. 세상 철학이나 불교 철학이나 한두 시간 얘기해도 알 수 있지 않겠습니까. 그래서 납득이 가면 '아, 그래야 되겠구나!' 하며 자기 마음 살펴서 견성하는 것입니다. 견성하는 데 반드시 무슨 긴 시간을 요구하지는 않습니다.

그러니 불교처럼 쉬운 것이 없는데도 요새 사람들이 어렵다 어렵다 하면서 불교를 외면하고 아예 할 생각을 안 합니다. 이것이 병입니다. 자기에게 있는 마음을 닦는 것인데 그 간단한 것 내버리고 불교는 산중의 승려나 하는 것이라고만 합니다. 지식적으로 많이 안다고 좋은 것이 아닙니다. 지식이 많은 사람은 여러 가지 생각으로 흐트러지기 쉽기 때문에 그 흐트러진 생각을 하나로 집중시키기 위해서 또 다른 노력이 필요합니다.

자기가 스스로 화두를 하나 들든지 주력을 하든지 절을 하든지 이렇게 하나씩 뚫고 들어가는 방법을 실천해 보아야 합니다. 그렇다고 설법을 듣지 말라는 의미가 아닙니다. 설법을 들어서 방해가 될 것은 없습니다. 방편이 다를 뿐 다 같은 길입니다. 광범위하게 설법을 들어보되 남의 이론에 안 팔리기 위해서는 자기 스스로 실질적 행行을 하는 것이 중요합니다. 요리 강의를 매일같이 듣고 요리법을 아무리 외운다 해도 실제로 음식을 만들지 않으면 무슨 소용이 있습니까. 수천 가지의 요리 중에서 어느 한 방법을 택하여 하나라도 그대로 만들어 먹을 때 비로소 목적이 달성된 것 아니냐 말입니다. 그저 요리법이나 익히려고 하지 말고 실질적으로 자기가 체험하는 것을 일과로 갖도록 노력해야 합니다. 듣는 것만으로는 곧 잊어버리니 스스로 행해서 만족을 얻어 보아야 압니다.

큰스님 말씀을 들으니 이제 좀 의문이 풀립니다. 이제까지 저희들이 갖고 있었던 수행에 대한 생각은 객석에 앉아서 전문 축구선수가 공 차는 것을 구경만 하는 것과 같았습니다. 자신은 운동하지 않고 남 운동하는 것만 쳐다보니 몸은 더 나빠지겠지요. 프로 축구선수처럼 수행을 전문으로 하는 스님들이 따로 있다고 생각하고, 자기 자신이 수행은 안하면서 그저 스님에게 보시나 하여 그 공덕으로 극락 가면 그만이라는 식이었습니다.

자기 생활은 별로 혁명이 없고 그저 절에 시주하는 걸로 자기는 수행을 안 하니 용심用心은 불교 믿는 사람이나 안 믿는 사람이나 같습니다. 성나면 성내고 부아 나면 부아 내고 하니 차이가 없지요.

스님 말씀대로 지식적으로 뭘 많이 배우는 게 중요한 것이 아니라 실제로 자기가 생활 속에서 수행하는 것이 중요하다는 생각이 듭니다. 가령 부부지간에 불화가 있으면 자기를 버리는 수행을 하여 화합해야 하지 않겠습니까. 그런데 항상 무아無我를 배우면서도 불교신자들이 다른 종교인이나 종교를 안 믿는 사람보다 특별히 나은 점은 없는 것 같습니다.

수행 안 하면 안다는 것도 아무 효력이 없습니다. 그저 막연하게 미신적으로 종교를 믿는 것밖에 안 됩니다. 자기 실제 생활에 반영이 되어야 불교를 제대로 한 것입니다. 복이나 빌고 하는 이들은 자기 뜻대로 안 되면 쉽게 흔들려서 다른 종교로 가는 식으로 되어버립니다. 종일 요리법 읽어봐야 자기 배부르겠습니까. 한 가지라도 자기 스스로 일과 삼아 하도록 해야 합니다.

그런데 저희들이 포교를 해 보면 수행을 해서 확실히 변화하는 사람들도 있지만 많은 대중들이 잘 변하지를 않습니다.

모든 사람을 하나라도 놓치지 않도록 골고루 방편을 써야 합니다. 될 수 있는 대로 한 사람 한 사람 다 붙들어 이끌어주는 것이 중요합니다. 사람마다 그 사람 생활에 맞게 자기가 스스로 신념을 내서 할 수 있는 방법,《금강경》을 지송하든지 조석으로 천수주를 하든지 꼭 하나씩은 일과로 삼아 하게끔 해야 합니다. 그렇게 하나씩이라도 하는 데서 자기 힘이 생겨납니다.

이런 수행이 자기에게 도움이 됨을 알아야 계속하지 도움이 안 되면 누가 수행하겠습니까. 약을 몇 첩 먹고서 효력이 나야 다시 그 약을 사 먹는 것과 마찬가지입니다. 예를 들어 하루 일 다해놓고 자기 전에 한 시간이나 다만 삼십 분 만이라도 열심히 주력이나 염불을 하고 참선하면 꿈자리가 맑아오고 건강해집니다. 그래서 염불하느라 잠을 줄여서 평소 8시간 자던 사람이 7시간만 자더라도 1시간 할애한 만큼 건강이 훨씬 더 좋아집니다. 자기 스스로 해보고 좋아지면 자꾸 깊이 하려고 애쓰게 되지요. 처음에는 누가 시키니까 겨우 하다가도 한번 해보고 확실히 자기 인생에 도움이 됨을 알면 하지 말라 해도 저절로 하게 됩니다.

그리고 누구든 절에 오면 앉아서 정진할 수 있는 분위기를 만들어 놓아야 합니다. 땀을 뻘뻘 흘리고 먼지를 뒤집어쓰면서 노동을 한 뒤에 물에 들어가 몸을 씻으면 더없이 시원해지는 것처럼, 절에 가면 기분이 전환될 수 있는 분위기를 만드는 것이 필요합니다. 흔히 대중이 자기 공부의 80퍼센트를 해준다고 말합니다. 남이 공부하는 것을 보고 듣는 것이 공부가 되기도 하고, 집에서 혼자 하는 것보다 여럿이 삼엄하게 앉아 있으면 분위기에 젖어 같이 하게 되기 때문입니다.

결국엔 정신을 혁명시키도록 유도해주는 것이 중요한데, 처음부터 단번에 잘 안 되기 때문에 우선 불교에 대한 설교를 가끔 듣게 하고, 또 먼 데서 온 사람이 헛걸음 안 하고 단 10분이라도 앉아서 수행하고 갈 수 있도록 유도해야 합니다.

그런데 아무래도 세속생활을 하다 보면 걸림도 많습니다. 세속에 사는 사람들이 수행을 할 때 특별히 주의해야 할 점은 어떤 것입니까?

사람마다 다르기는 하지만, 현실의 생활 속에 빠져 살다 보면 자기 인생을 반성하기 어렵다는 면이 있습니다. 그래서 자기를 돌아볼 수 있는 마음의 태도를 갖도록 일러줄 필요가 있습니다. 자기가 살고 있으면서 살고 있는 그 자기를 모르고 삽니다. 앞이 보이지 않는데도 함부로 길을 걷는 봉사와 뭐가 다르겠습니까.

그런데 자기가 무엇인지 반성하려고 해도 처음에는 그게 제대로 안 됩니다. 우선은, 울고 웃고 미워하고 사랑하며 종일 거기 매여 사는 나를 여실히 보고 그 생활하는 핵심이 무엇인가 그것을 항상 돌이켜 보아야 합니다. 부아 날 때도 있고, 웃을 때도 있고, 남 미워할 때도 있고, 종일 생각의 파도가 일어납니다. 그럴 때 그 파도에 따라가기보다는 '도대체 뭐가 있어서 이렇게 마음이 일어나는가'를 돌이켜 보십시오. 그렇게 자기를 반성하는 것이 실제 생활에서 의의가 있다는 것이 느껴지면 그때부터는 이것을 받아들여 살피는 데 더욱 생각을 집중하게 되고 자꾸 반복하면 안정이 옵니다.

생각이 어지럽고 잡념이 많아서 잘 안 될 경우는 진언을 하는 것도 좋은 방편이 됩니다. '옴 마니 반메 훔'이든지 '관세음보살'을 부르든지 하나를 집중적으로 하면 됩니다. 다라니를 하든지 염불을 하든지 각 사람 근기에 따라서 하나에 의지하고, 또 자기반성을 하든지 화두를 들든지 해서 실용적으로 일상생활에 반영하게끔 해야 합니다.

일과 수행은 둘이 아니요

자기 수행을 위해서 좋은 일에 동참하는 불자들이 많습니다. 그런데 막상 같이 일을 하다 보면 열심히 하려는 마음에 묻혀서 사람들의 잘잘못을 시비하게 되고 남을 탓하는 마음까지 일어나곤 합니다. 일을 열심히 하면서도 자기 수행을 잘해 나가려면 어떤 자세가 필요한가요?

일을 열심히 하다 보면 자기 공부하는 것이 성글어지는 것 같고, 공부에 집중하면 일이 잘 안 되는 것 같은 느낌을 갖게 됩니다. 하지만 우리가 하는 공부라는 것이 본시 무엇을 하는 것인지를 안다면 불만이나 부족감 없이 일 속에서 공부할 수 있습니다.

공부는 마음으로 하는 것이지 껍데기로 하는 것이 아닙니다. 책을 보며 공부하는 것도 마음공부를 하기 위해서 글자를 보는 것이지 글자를 보기 위해서 책을 보는 것은 아니지요. 지금 내가 무엇 때문에 일하고 있는가를 항상 되돌아봐야 합니다. 단지 일하기 위해서 일하는 것은 아닙니다. 거기에는 원이 있습니다. 내 인생을 알기 위해서 일하고 있는 것입니다. 근본 마음이 순일하게 집중되는 것이 공부이니 일체의 행동 그 자체가 공부인데, 분업적으로 일과 공부가 나뉘면 한쪽으로 팔리기 마련입니다. 마음공부가 제대로 되면 일 자체가 그대로 공부가 됩니다. 일과 공부는 둘이 아닙니다.

일을 하는 근본목적은 내 마음을 깨치기 위한 것이지만 일마다 표면적이고 소소한 목적들이 따로 있기는 합니다. 가령 책을 만들기 위해서 원고를 쓴다든지 콩을 얻기 위해 밭을 일군다든지 하는 목적들이 있지요. 하지만 소소한 목적이 무엇이든지 일이라는 것은 다 근본 목적을 토대로 해서 이루어집니다. 그 마음은 놓쳐지지 않습니다. 왜 밥을 지어먹고 옷을 해 입고 밭을 갈고 농사를 짓습니까. 콩을 만들기 위해 밭을 가는 것이 아니라 우리가 사는 인생을 개척하기 위해서 하는 일입니다. 모든 일의 근본은 그 하나로 돌아가는 것입니다.

그러나 막상 일을 하다 보면 그 근본이 자꾸 흐려지는 이유는 망상을 갖고 있기 때문입니다. 순수한 생각이 있으면 삼매가 되어 일에 몰두해 버립니다. 일하는 데 몰두하고 있다는 것은 공부 따로 일 따로가 아니라는 증거입니다. 나의 100퍼센트 그대로가 일 속에 뛰어들 때 내가 무엇 하나 완성하는 그것이 공부입니다. 육조 혜능 스님이 여덟 달 동안 방아를 찧은 것도 그런 공부입니다.

자기와 우주가 둘이 아니면 방아 찧는 덩어리 그것이 100퍼센트 자기 인생인 것입니다. 일을 할 때 온갖 망상을 부리면서 마지못해 하니까 일은 일대로 안 되고 짜증은 짜증대로 나고 피로를 쉽게 느낍니다. 공부하는 사람은 일을 하면서도 앉으나 서나 온갖 것이 그대로 다 공부가 됩니다. '지금 일을 하고 있다'고 분별을 하니까 일이 따로 있는 것입니다. 순수한 마음으로 일을 하면 거기에 혼연일체가 됩니다. 요새 직장인들 보면 대부분이 일 따로 자기 인생 따로인 생활을 하는데, 정말로 인생을 진지하게 산다면 어느 직장에서 일한다 해도 그것이 내 인생을 개척하는 공부가 됩니다. 그래서 대가를 바래서가 아니라 무슨 일이든지 피로도 느끼지 않고 열심히 하는 것입니다.

물론 세상살이에는 대가가 있어야 먹고살기는 하지만 대가에 연연하지 않아도 지은 인연의 대가는 다 돌아오게 되어 있습니다. 눈에 보이지 않는 천하 이치가 대가를 지불하는 법입니다. 열심히 일하면 대가가 스스로 찾아오기 마련이니 굶거나 헐벗게 되는 법이 없지요. 오히려 '일한 대가를 많이 받아야겠다' '남의 일을 해주고 있다' 이런 관념을 가지고 일하면 스스로 자기 자신을 불행한 인간으로 만들어 중생 세계로 전락시켜 버리고 맙니다.

일 자체가 공부입니다. 일을 하고 나서 한편으로 따로 공부하려는 생각을 낸다면 벌써 어긋나는 것입니다. 일과 공부가 따로따로라고 분별하면 무엇을 해도 반 쪼가리일 뿐입니다. 본시 일하고 공부하는 것이 자기 주인인데 '내가 지금 일을 한다' 생각하면 벌써 주인에서 한발 멀어지게 됩니다. 주인 된 자는 그 둘이 늘 하나라고 생각하고 행합니다. 그것이 참으로 일하는 것이며 그럴 때 진짜 인생이 구축되는 것이고 그게 바로 공부입니다.

포교 활동이나 불사 같은 일은 보다 많은 사람의 힘을 합하는 것이 중요한데, 수행이 부족하다 보니 같이 일하는 사람들끼리 서로 생각이 다르고 마음이 어긋나서 괴로울 때가 있습니다. 어떻게 해야 화합도 되고 수행도 잘 되겠습니까?

함께 일하는 과정에서 어떤 사람이 일을 충실히 하지 않거나 그릇된 생각을 갖고 있을 때 우리는 상대를 깨우쳐 바르게 하려고 합니다. 그런데 그때는 우선 자기 마음속에서 상대의 모습을 시비하는 분별심을 봐야 합니다. 우리는 누구나 완전한 인격이 아니기 때문에 아무리 잘하려고 했던 일이라도 뒤에 가보면 잘못된 일이 되기도 합니다. 상대의 잘잘못을 분별하는 일에 대해서도 내 판단이 옳을 수도 있고 때로는 자기 주관적인 기준으로 틀린 생각일 수도 있습니다.

그리고 아무리 내가 옳다는 판단이 드는 때라고 해도 상대가 받아들이지 않는 경우에 감정적으로 대해서는 안 됩니다. 좋은 이야기로 자꾸 설득해서 상대의 마음이 상하지 않도록 교화해야 합니다. 내 뜻대로 안 된다고 먼저 기분 상해버리면 상대가 감화를 받기도 전에 두 사람 사이만 벌어지게 됩니다. 수행을 잘하여 덕이 있고 남을 이해하는 마음으로 천하를 내 품 안에 포용할만한 아량이 있다면 처음에는 상대가 좀 반발하더라도 언젠가는 나의 뜻을 알아 돌아서게 됩니다.

그런데 반대로 자기에게 그런 지적이 돌아올 때도 있습니다. 그럴 때는 나에게 모자라는 점이 있는지를 생각해보고, 나보다 잘하는 사람에게 교육을 받아 약점을 보완하면서 같이 일하는 이들과 보조를 맞추도록 노력해야 합니다. 물론 이것이 쉬운 일은 아닙니다. 누구라도 남의 말 듣기를 좋아하는 사람이 없으니까요. 남의 말을 잘 이해하고 들으려면 우선은 근본적으로 사람 사는 이치를 알아야 하고, 둘째로 자기가 무엇 때문에 그 일을 해야 하는지를 알아야 합니다. 그 두 가지를 분명히 알면 남이 타이르는 이야기를 고맙게 여기게 됩니다.

참회기도를 많이 하면 자신의 부족함을 인정하게 되는데, 그러다 보면 일종의 좌절감이 느껴져서 열심히 하려는 마음까지 약해지기도 합니다. 어떤 것이 올바른 참회기도입니까?

잘못을 진심으로 뉘우치는 것이 참회입니다. 길을 가다 구렁텅이에 한발이 빠지면 속히 그 발을 끄집어내야지 가만히 처박힌 채로 둘 수는 없지 않겠습니까. 인생을 살아가다 발을 헛디디는 잘못을 범했다면 '아, 내가 잘못했구나' 깨달아서 다시는 같은 잘못을 되풀이하지 않겠다고 다짐하는 것이 참회입니다. 잘못을 뉘우치고 다시는 같은 잘못을 범하지 않겠다는 결심을 하면, 오히려 살아가는 힘이 새롭게 솟아나고 앞날의 빛이 보이고 현재의 위로가 됩니다. 잘못했다고 하면서 그냥 주저앉아 버리는 것은 구덩이에 빠져서 올라올 생각을 안 하는 사람이나 다를 바 없습니다.

어떤 사람이 도박에 빠져서 조상 대대로 내려온 토지문서까지 팔아넘기게 됐다고 합시다. 이럴 때 '아차, 남의 것을 쉽게 거저 얻으려는 건 도둑 심보인데, 내 복을 감하고 내 인생을 망치는 짓인 줄 모르고 도박에 빠졌구나.' 하며 뼈아프게 느끼는 것이 진정한 참회입니다. 그렇게 자신의 잘못을 근본적으로 돌이키고 나면 우선 자기 마음이 깨끗해지고, 그런 뒤에는 저절로 복 짓는 생활, 잘사는 방향으로 나아가게 됩니다. 이런 이치로 보면 무슨 허탈감이 생기겠습니까.

물론 돈 잃고 토지마저 날려 버렸으니 아깝고 안타까운 마음이 들겠지요. 하지만 진리의 입장에서 보면 자업자득일 뿐 그 이상도 그 이하도 아닙니다. 잃어버린 돈은 누군가의 수중에 들어가 값지게 사용될 것이고, 잃어버린 땅도 어디 하늘로 날아가버린 것이 아니니 누군가 농사지어 잘 활용할 것입니다. 자기 잘못으로 받은 벌임을 확실히 알면 제정신을 차려 참다운 인생을 개척하려는 비장한 각오를 세울 수 있으니 여기에 허탈감이란 없습니다.

예전에 스님 한 분이 논 열 마지기 살 돈을 시주받았는데, 그 돈으로 논을 사지 않고 산골짜기 땅 다섯 마지기를 사고 남은 돈으로는 일꾼들을 불러 산밭을 개간하기 시작했습니다. 그리고 일꾼들이 일을 하는 동안 옆에 앉아 재미나는 법문을 들려주며 품삯도 넉넉히 주었습니다. 일꾼들은 신이 났겠지요. 하지만 제자들이 보기에는 스님의 행동이 도저히 이해가 가지 않았습니다. 결국 한 제자가 "스님, 왜 그렇게 고생은 고생대로 하고 돈은 돈대로 다 써버리십니까?" 하고 걱정을 하고 나섰습니다. 그러자 스님은 "네 계산이 틀렸다. 산골짜기에 없던 논을 다섯 마지기나 개간해놓았고 평생 법문 한마디 듣기 어려운 사람들에게 법을 설하여 착한 사람들이 돼가고 있는데 이보다 한량없는 이익이 어디에 있겠느냐. 남의 논을 사서 농사지었다면 그것은 본전치기에 불과하다. 우리는 새로 논을 만들었고 일꾼들은 일하면서 법문을 들었으니 참으로 수행이 잘된 것 아니겠느냐." 하고 태평스레 대답하며 빙긋 웃었다고 합니다.

참회도 이와 같습니다. 손해 봤다는 것은 자기 생각일 뿐이고 생각만 바로 서면 실로 큰 도움이 되는 겁니다. 허영에 물든 눈을 바로 뜨기만 하면 나날이 복된 삶임을 명심해야겠습니다.

기한飢寒에 발도심發道心이라

여성은 사회적으로 남녀차별 속에 성장하는 데다가 현실조건상
으로도 수행하기 어려운 경우가 많습니다. 여성 불자들이 현재와
같은 조건 속에서 올바르게 수행할 수 있는 자세와 방법에 대해
듣고 싶습니다.

여성이나 남성이나 다를 것은 없습니다. 자기 생활에 따라서 복
잡한 것들이 다 있는 법이기 때문에 문제는 늘 있는 것이지만 공
부는 정신으로 하는 것입니다. 경전에도 여성은 생리적으로 아기
를 낳아 키우고 살림살이를 하는 등 자질구레한 일이 많아 공부
에 집중하기 어렵다고 나오기는 합니다만, 이 말은 어디까지나 여
성들을 견책하고 자극을 주어서 열심히 공부하도록 하려는 소리입
니다. 마음이야 어디 남성 여성이 따로 있겠습니까. 공부란 마음으
로 하는 것이고 마음은 본시 형단이 없고 허공같이 텅 빈 자리이
니 무슨 일을 하든지 정신만 차라면 남녀구별이 있을 리 없습니다.

흔히 여성은 특히 집착심이 강하다고 합니다. 그러나 한 자 올라가면 한 자 내려가듯이 결점이 있으면 그 이면에도 반드시 장점도 있는 법이지요. 평탄한 길에는 굴곡이 없지만 장애가 많을수록 보다 강력한 돌파력이 나오기도 합니다. 마찬가지로 여성의 집착심도 공부하는 데는 강력한 힘으로 작용할 수 있습니다.

그런데 여성들은 남성보다 진실한 입지는 좀 약해 보이는 면이 있습니다. 남자는 바깥으로 활동하니까 절을 찾아올 만한 겨를이 없어 절에 오는 사람이 여자들에 비해 훨씬 적지만 공부하려는 강력한 의지에 있어서는 여자들보다 철저한 경우가 많습니다.

여자 불자들이 많이 찾아오긴 하지만 적게 찾아오는 남자 불자들보다 공부에 대한 열의가 못했던 모양이지요?

그렇게 단정할 수야 없지만 보통 남자들은 바깥생활에 바쁘다 보니 여자들보다 여유 있는 시간이 아무래도 부족하고, 일하는 데 정신이 팔려 일만 할 뿐이지 공부를 물으러 절에 오는 사람이 드뭅니다. 여자들은 상대적으로 여가가 있어서 절에 발을 들여놓기는 쉽지만 대체로 심각하게 파고 들어가지 않고 피상적으로 공부하는 경우가 많습니다. 물론 여자들 중에도 철저하게 공부하는 사람도 있기는 하지만 그리 흔치는 않습니다.

스님 말씀대로 여성들이 정작 자기 자신의 마음공부나 수행에는 등한한 경우가 있는데, 그 이유가 무엇이며 어떻게 그 문제를 풀 수 있을까요?

여성들은 맹목적인 신앙으로서 기복을 구하는 일에 그치고 인생을 발견하려는 노력이 미약한 경우가 많습니다. 남자들은 가뭄에 콩 나듯이 와도 치열하게 애쓰는 모습들을 가끔이라도 볼 수 있는데 여자들은 대개가 그렇지 못합니다. 여성은 생리적으로 아기를 낳고 자신의 전부를 다 쏟아 부어 키운다는 정신이 깃들기 때문에 더욱 집착에 걸리는가 싶기도 합니다. 특별한 사람도 있지만 그 외 대다수의 여성들은 가정 살림살이를 어떻게 평탄하게 잘해 나갈까에 관심이 끝나지 구도적인 마음공부에는 미약합니다. 종교를 갖지 않는 사람이라도 누구나가 복되고 재앙 없이 남보다 좋은 환경에서 살고 싶은 욕망을 갖고 있습니다. 인간이 백 년 안팎으로 사는 삶에 애착한다는 것은 종교적 가치가 있다고 볼 수 없지요.

참으로 자기를 알고 사는 게 무엇인지 심각하게 생각이 기울어져야 하는데 여성 불자들은 그 점이 약합니다. 일반적으로 신앙심이나 자비심은 여성들이 훨씬 많은 반면에 남자는 무뚝뚝해서 바깥으로 표현을 잘 안 해서 그렇지 공부하려고 깊이 파고드는 성향은 남자들이 상당히 강합니다. 더러는 생명을 돌아보지 않고 공부하는 사람들이 있기도 하니까요.

그러면 뚜렷한 공부방법이 없다는 말씀이신지요?

그렇지는 않습니다. 근본에서는 아무런 차이가 없고 다만 통속적으로 그렇다 할 뿐입니다. 근본 마음에는 일체 차별이 없습니다. 단지 용기를 잘 안 낸다는 말을 하고 싶은 것입니다.

대개 남성들은 등이 굽도록 일하고 바쁘게 살다 보면 저절로 인생살이의 의미 같은 것을 심각하게 생각하게 되는 반면 여성들은 그렇게 힘들게 일하지 않아도 살만한 조건에 있는 편입니다. 대체로 한가하게 지내는 계층이 여성들입니다. 악착같이 일을 안 해도 생활의 여유가 있다 보니, 그럭저럭 살만한데 힘들게 공부할 까닭이 있겠느냐는 식으로 사고하게 되지요. 천상세계나 복 받는 세계에서는 공부하기 어렵다는 소리가 바로 그 소리입니다. 등 따뜻하고 배부르면 별생각이 없어집니다. '기한飢寒에 발도심發道心'이라고 배고프고 춥고 괴로워야 정신을 차립니다. 청담 스님이 일제 때 독립운동 한다고 형무소에 몇 달 끌려갔다 나오신 뒤에 "공부하는 수좌라면 경찰에 가서 죽을 고비를 더러 넘겨야 하겠다." 말씀하신 적이 있습니다. 일상생활이 평탄하면 마치 물에 떠내려가듯이 그저 그렇게 살고 마는데, 죽을 고비라도 당하게 되면 '이 사는 게 뭔고' 하는 문제가 자기 생명 하나에 딱 걸려있기 때문에 자연히 공부가 된다는 얘기입니다. 공부라는 것이 보통 마음으로 되는 게 아니어서 물에 물 탄 듯이 풀어진 마음을 가지고는 안 됩니다.

여성들의 경우는 성장하는 과정에서 어머니들의 맹목적인 신앙이나 남녀 차별적인 사회교육 등으로부터 영향을 받기 때문에 애초부터 삶의 주인이 되고자 하는 마음을 스스로 내지 못하는 것 같습니다. 그래서 인생뿐 아니라 심지어 마음공부까지 누군가에게 의지하려고 하는 마음이 강한 게 아닌지요?

세상공부는 백 년 동안의 인생을 잘 살게 하기 위해 하는 것이지요. 세상의 출세기준은 사회적으로 인정받아 생존경쟁에서 남한테 뒤떨어지지 않고 앞서서 잘 사는 것입니다. 그러나 그 욕심이란 사실 몇 푼어치 안 되는 것이지요. 조금 정신이 있는 사람이라면 눈앞의 욕심에 만족하지 않고 '도대체 산다는 것이 무엇인가' 하고 심각하게 자기 인생을 되돌아봅니다. 종교는 그렇게 자기자리를 찾는 과정을 가르치는 것입니다.

싯다르타 태자가 궁중에서 살았다면 엄청난 부와 명예가 보장되어 있었습니다. 보통사람이라면 왕궁의 삶 속에 빠져 살았겠지만 몇 푼어치 안 되는 그 삶에 주저앉을 수 없다고 생각했기 때문에 부처의 길을 좇아 출가하셨던 것입니다. 그것이 정신이 깨어있는 사람의 선택입니다. 정신기가 없는 사람은 평생 골골거리며 고생을 하면서도 거기서 뛰쳐나올 생각은 하지 않고 그 안에 빠져서 허덕일 뿐입니다. 그러나 정신기가 있는 사람은 삶이 무엇인지 하는 문제에 부딪히면 그 자리에 안주하지 못하고 종교의 문을 두드러게 됩니다.

　종교는 바른 가르침입니다. 종교는 단지 신앙에만 머무르지 않고 누구든 자기 인생을 진지하게 반성하게 하며 선조들의 발자취나 역사 속에 위대한 분들의 삶을 참고하도록 합니다. 그것이 종교의 행입니다. 그래서 종교를 진지하게 연구한다면 오히려 남녀를 구별할 일이 없게 됩니다. 꼬집으면 남자도 여자도 아프지, 여자 아픈 데 다르고 남자 아픈 데 다르겠습니까. 어떠한 환경에 있든지 정신 차리고 사는 사람이 종교문제를 생각합니다. 남녀차별의 문제를 내놓으니까 어색한 말을 하는 것이지 본래는 구분이 있을 수 없습니다. 남녀 모두 공부하는 것은 쉬운 일이 아닙니다.

　그런데 요즘 종교는 종교 아닌 종교가 종교인 양 행세하는 시대가 되어버렸습니다. 이것이 문제가 되어 사회혼란을 가져오는 것이기도 합니다. 껍데기만 보면 인류역사상 오늘날이 가장 잘 사는 것 같지만. 사실 가장 불행하게 사는 시대가 바로 이 시대일 것입니다. 육체의 향락을 찾으면 갈수록 허공에 빠지게 됩니다. 향락에 빠져들어 갈수록 한계를 느끼고 불행의 늪으로 접어드는 것이지요. 옛날 문화와 비교해보면 껍데기는 호화찬란해도 인간들의 이면을 보면 저마다 상을 찌푸리고 다정하게 사는 맛을 잃어버린 채 살고들 있습니다.

　종교란 다른 것이 아니라 만족하고 행복하게 사는 방법을 일러주는 셈이지요. 물질이나 외형적으로 치장하고 구별하는 것이 잘 사는 길이 될 리 없습니다. 하루를 살다 죽더라도 자기 뜻이 풍요롭고 자신의 생각이 그 어느 것에도 구애받지 않는 게 부자의 삶임을 명심하기만 하면 되는 일입니다.

조물주도 간섭할 수 없는 인생

부처님의 가르침을 한마디로 표현하면 이 마음 하나 밝히는 것입니다. 부처님께서 무슨 이상한 진리나 신비한 물체나 새로운 무엇을 창조해낸 것이 아니라, 부처님이 출현하시기 전이나 부처님이 출현해 지나간 뒤나 조금도 변함이 없는 우주의 진리를 발견해서 이 한 중생을 깨닫게 하신 것입니다. 위대한 자기 인생을 접어두고 밖으로 어떤 힘을 의존해서 허우적거리고 신앙하고 쩔쩔매며 방황하는 사람들이 있습니다. 부처님은 이것을 제일 금기하셨습니다. '나를 믿지 말고 진리를 믿으라'고 말씀하시지 않았습니까. 우리는 종교의 노예가 되어서는 안 됩니다. 하늘 위나 하늘 밑이나 자기 자신이 제일 높다하는 말 한마디로 결론을 지어놓았습니다. 부처님은 없는 것을 창출해낸 것이 아니라 무시무종無始無終으로 본래 있는 자기를 발견했을 뿐입니다.

요새 과학자들도 부처님의 사상을 많이 이용하고 받아들입니다. 들어보니까 우주를 연구하는 데 평생의 심혈을 기울인 20세기의 이름 있는 천체물리학자(스티븐 호킹을 말함 -편집자 주)가 우리나라 어느 대학에 와서 강의를 했는데 '우주의 원리는 본래부터 완전무결하게 있었다' '어느 누구도, 신이나 조물주조차 우주의 질서에 간섭할 자리가 없다'는 말을 했다고 합니다.("신이 이 우주를 만들 때 얼마나 많은 자유를 가졌을까?" 하는 아인슈타인의 유명한 물음에 호킹은 다음과 같이 대답했다. "만약 무경계의 제안이 옳다면 신은 시초 상태를 선정할 아무런 자유도 없었다." -편집자 주) 이처럼 과학도 우리 불교에서 말하는 무시무종의 진리에 가까이 와 있습니다. 그들은 바깥을 더듬어서 조금씩 알아가고 있는 것이지만 부처님은 마음 하나 깨침으로써 우주 전체를 알아버렸던 것입니다.

인생은 올 때도 빈주먹 쥐고 혼자 오고 갈 때도 빈주먹 쥐고 혼자 갑니다. 하나도 가져갈 수 없습니다. 일만 가지를 가져가지 못하고 오직 업 하나를 가지고 갑니다. 업이란 빛도 모양도 없는 자기 습관, 자기가 행동함으로써 쌓여 있는 자기의 세계입니다. 평생에 남을 해친 사람은 그 해친 습관이 모양 없이 가득 쌓여 있어서 항상 그것을 지고 다닙니다. 착한 일을 하면 착한 그 습관이 보이지 않게 항상 자기 그림자 마냥 따라다닙니다. 그게 업입니다. 올 때도 빈주먹 갈 때도 빈주먹, 집도 땅도 어떤 보배도 가져갈 수 없고 같이 술 먹자고 데려갈 수 있는 친구도 없습니다. 따라다니는 것은 오직 평생을 살아온 마음의 그림자뿐입니다.

이 육체는 부모한테 받았지만 모양 없이 빛나는 정신은 부모가 낳아준 게 아닙니다. 그것은 무시무종, 우주가 생기기 이전에도 있었고 우주가 끝나도 상관이 없으니 바로 그 자리를 발견하라 그 겁니다. 이걸 체달해야 모든 고통이나 불안이 가십니다. 그걸 모르면 시시각각으로 불안하고 초조하고 항상 무언가에 쫓기는 것 마냥 안심입명安心立命이 안 됩니다. 자기밖에 나를 간섭할 존재가 어디에 있겠습니까. 자기 인생은 자기가 사는 겁니다. 누구도 간섭할 수 없는데 스스로 헤매고 있습니다. 그러니 내 인생을 바로 보고 해탈의 세계, 아무 거리낌이 없는 세계를 찾으려고 우리가 여기 이렇게 모여서 불교를 얘기하는 것입니다.

서양사람들이 요즘 들어 동양사상, 석가모니 사상에 귀를 돌리는 이유가 무엇입니까. 오욕락五慾樂에 빠져있고 그저 쟁취하는 문화에 빠져있다 보니 드디어 길이 막힌 것입니다. 엄청난 무기를 만들어서 천하의 중생을 다 죽이고 지배할 수 있어도 그것 가지고는 해결이 안 된다는 것을 어렴풋이 알아가고 있습니다. 이까짓 육체가 떠내려가도 상관없이 불생불멸不生不滅하는 근본을 그 사람들은 모릅니다.

현대인들이 고통 받는 이유는 육체적인 문제보다 대부분 정신적인 병 때문입니다. 정신이 병 들어서 남을 미워하고 시기하고 질투하니 피가 탁해져 버리고 몸에도 병이 일어날 수밖에 없습니다. 성을 내면 얼굴빛이 달라집니다. 빛도 모양도 없는 곳에서 일어난 성이 모양이 있는 육체에게 작용합니다. 성을 많이 내면 입맛이 떨어지고 병이 납니다. 애들도 많이 놀라면 눈이 똥그래져서 밥도 못 먹고 병이 나는 것과 같지요.

얼마 전에 노보살님 한 분이 딸을 데리고 봉암사에 찾아왔습니다. 학교 선생님인 딸이 몇 달 전부터 정신이 이상하게 되었는데, 대구에 정신과 의사 한 사람이 봉암사 노장한테 가라해서 왔다고 했습니다.

그전에 어느 대학교에서 동양사상과 서양사상의 만남을 주제로 세미나 같은 것이 있었습니다. 그때 한 정신과 의사가 나에게 정신질환 치료하는 법을 질문하기에 대답한 적이 있었습니다. '정신병은 모양 없는 마음이 충격을 받아 일어난다. 뭔가 자기 뜻대로 안 되어 노심초사가 되든지 갈등이 일어나서 생겨난 게 정신병이다. 그런데 정신은 모양이 없고 본시 병 붙을 자리가 없으니 치료할 병도 없다. 정신이 아픈 사람이 있으면 마음을 딱 잡아 안정시켜서 잘 인도하면 되는 것이다.' 이런 말로 몇 마디 했는데 그 의사가 내 철학이 옳다고 생각해서 자기 병원에 찾아온 환자를 내게 보냈던 겁니다.

그래서 그 여선생님 보고 말했지요. "내가 자네의 병을 단박에 치료해줄 테니 그 정신병을 어디 한번 보여주게." 정신이라는 게 모양도 빛도 없으니 병이 붙을 자리 또한 없는데 어쨌든 정신에 병이 들어서 괴롭다고 하니 그 정신을 좀 내놓아라, 그래야 내가 치료를 해줄 거 아니냐는 말이었습니다. 그 선생님이 대답을 못하고 한참을 우물우물 하기에 "참말로 정신없는 사람을 다 봤네. 그래가지고 아이들 어떻게 가르치겠소!" 하고 고함을 질러줬습니다. 그리고는 한 시간쯤 붙들고 몇 마디 얘기를 해줬는데 씩 웃더니 "이제 괜찮습니다." 하고는 산을 내려갔습니다. 얼마인가 후에 병이 나았다며 고맙다는 전화가 왔습니다.

허공에 어디 먼지가 붙겠습니까. 우리 정신에는 아무런 때도 없고 티도 없는데 병이 어디에 붙을 수가 있겠습니까. 붙을 자리가 있어야 병이 붙지요. 다 착각입니다. 정신의 매듭만 풀어주면, 착각만 풀어주면 정신에 병이란 것은 없습니다. 어려운 게 아니라 간단한 겁니다.

밝은 이치만 알면 그 이치 속에 진리가 다 있습니다. 바른 정신 차리면 천하가, 그 자리가 정토 세상입니다. 정토 세계가 이 법당 안에서만 일어나는 것이 아니라 이 세상 사람들의 착란만 쓸어버리면 그대로 그게 정토 세계입니다. 구름이 사라지고 안개가 걷히면 청천하늘인 것처럼 번뇌 망상만 지워버리면 우리는 본래 부처입니다. 본래 바탕이 어디 가겠습니까. 그런데 잠시도 여의지 않는 그 부처를 우리가 잊어버리고 바깥으로 헤매며 허우적대고 있습니다. 재물에 매달리고, 귀신한테 매달리는 넋 빠진 행동을 하기 때문에 고통을 버리지 못하는 것입니다.

꾸준한 수행 정진으로 찾아가는 참 생명

　부처님의 가르침인 4성제四聖諦, 12연기十二緣起, 인과법因果法, 보살만행법菩薩萬行法은 한마디로 묶어 말하면 100년 인생을 가장 행복되고 멋지게 살 수 있는 세간법世間法입니다. 그 세간법으로 설해진 첫째 법문이 고집멸도苦集滅道의 4성제 법문입니다. 인생의 본질이 괴로움(苦)임을 알아야 하고, 그 고통이 어째서 생겼는지 까닭을 알아야 합니다. 그것은 제삼자가 던져준 것이 아니라 자기가 쌓은(集) 것이어서 그 괴로움을 없애려면(滅) 8정도를 닦아야 합니다(道). 그런 실천행 안에 보살만행이 다 들어갑니다.

　자기가 당연히 받을 고통을 받는다고 생각할 때 그것을 감수하고 견뎌나갈 힘이 생깁니다. 제삼자가 던져 주었다고 생각하면 남을 원망하고 짜증내는 마음이 생기지만, 자기 스스로 쌓은 이치를 아는 사람은 원망을 하려고 해도 자기 스스로를 원망할 수밖에 없습니다. 남을 원망하고 짜증 부리는 것은 부처님의 가르침을 모를 때 일입니다. 가르침을 알면 스스로 자기 행동에 대한 책임을 지게 됩니다. 어떠한 기쁨도 어떠한 괴로움도 자기가 책임져야 하고 자기가 뿌린 씨를 거두는 것입니다. 그것을 분명히 알 때 과보를 해결할 수 있습니다.

그것을 구체적으로 설명한 것이 인과설입니다. 자기가 뿌린 씨는 자기가 철저히 감수하고 자기 노력으로 개척해야지 어느 위대한 존재에게 매달리고 헐떡거려서는 소용이 없습니다. 배가 고프면 자기가 먹어야지 아무리 친한 친구나 부모라도 남의 밥을 먹어 줄 수 없고 누가 대신해 줄 수 없습니다. 한 마디로 착하게 살라는 것입니다. 남에게 피해를 끼칠 때 이를 일러 악행이라 말합니다. 착한 행동했다고 과시할 것도 없습니다. 콩 심은 데 콩 나니까 당연히 자기에게 돌아올 뿐입니다. 남과 세상을 속인다는 것은 있을 수 없습니다. 다만 자기가 자기 자신을 속일 뿐입니다.

물 한 방울도 먼지 한 톨도 결코 없앨 수 없습니다. 흩어졌다 모였다 하며 형태와 모습만 변할 뿐 어디엔가 있습니다. 더군다나 우리 빛나는 주인공은 무시무종으로 불생불멸입니다. 그러므로 자기의 근본 생명을 알아내라는 것, 이것이 부처님의 가르침이요 출세간법出世間法입니다. 자기 스스로가 그물을 쳐서 헤매고 있는 것이지 누구나 본래 부처입니다. 자기 생명체는 크고 작음이나 있고 없음이나 착하다는 것과 악하다는 그 어디에도 해당되지 않습니다. 그것이 생명의 실상입니다. 온갖 것을 창출해내는 근본 핵심이 그 자리입니다. 참말로 빛나는 부처를 찾아서 살아야 합니다.

불교는 이렇듯 반듯한 이치를 가르쳐 줍니다. 참으로 논리 정연한 이론 체계입니다. '맹목적으로 믿으면 다 내 제자'라는 그런 말씀은 없습니다. 맹목적으로 따라가는 믿음은 내버리지 않으면 안 됩니다. 참으로 생명을 놓고도 바꿀 수 없는 그런 철저한 이론 체계가 서서 어떤 이론으로도 흔들거리지 않고 여산부동如山不動으로 확고한 자기 인생이 확립되어야 비로소 내 제자라 할 수 있다고 부처님은 말씀하셨습니다.

《금강경》에도 어떠한 모양이나 어떠한 소리나 그 구하는 것이 바깥으로 향하여 헤매는 것으로는 영원히 허우적거리며 헤어나지 못하고 참말로 진리는 볼 수 없다고 하셨습니다. 누구나 다 갖고 있는 그 부처를 찾아서 살아야 합니다. 그것만 알아놓으면 세간법世間法과 출세간법出世間法이 둘이 아닙니다. 불이법不二法이라 세간법이 따로 있고 출세간법이 따로 있는 것이 아닙니다. 어디를 가든지 빛나는 자기 부처는 일체 여의지 않습니다. 생사의 구애, 선악의 구애, 시비의 구애, 피차의 구애를 받지 않습니다. 절대적인 불이법이니 투쟁이나 마찰이 있을 수 없습니다. 마주쳐야 소리가 납니다. 뿌리가 없고 형단이 없는데 어떻게 소리가 나겠습니까.

동체대비同體大悲로 전체를 내 몸같이 여기는 이것이 불교입니다. 불교는 절대적인 자비慈悲입니다. 그냥 '자慈'가 아니라 '자비慈悲'입니다. 그래서 지장보살님도 관세음보살님도 중생의 고통을 외면하고 열반의 세계에 돌아앉을 수 없는 것이고, 유마거사가 "모든 중생이 앓고 있는데 나 혼자 어디 병이 나을 수 있느냐. 한 중생이라도 앓고 있으면 내 병은 나을 수 없다." 한 것입니다. 이렇게 전 중생의 몸을 자기 몸으로 보는 불이법입니다. 고하高下가 없는 절대적 사랑입니다.

이러한 근본을 모르기 때문에 이 세상은 조그만 일에도 마찰하고 서로 끝이 없이 원수를 맺고 갚으며 피투성이로 살아갑니다. 둘로 나뉘어져 서로를 배타합니다. 네가 있고 내가 있고, 착한 것이 있고 악한 것이 있고, 사는 것이 있고 죽는 것이 있고, 내 나라가 있고 네 나라가 있고, 내 민족이 있고 네 민족이 있습니다. 그러니 영원히 피투성이가 되어 다툼이 안 끝납니다. 조금만 뭐라 해도 열을 내고 전부가 자기주장만 하고 항상 차별을 하기 때문에 전운이 가시지 않습니다. 입으로는 '평화 평화' 하면서 평화하고는 거리가 먼 행동을 하는 것입니다. 콩을 뿌리고 팥을 거두려는 것과 한가지입니다. 그러나 우리가 조금만 불법의 바른 진리를 안다면 아무리 용서할 수 없는 사람이라도 서로 용서하고 같이 사는 자비가 우러나오게 됩니다.

부처님이 이런 말씀을 하셨습니다. 전생에 내가 무엇이었는지 알고 싶으면 금생의 자신의 모습을 보면 된다는 것입니다. 자기가 살펴보면 압니다. 금생에 영리한 사람은 전생에 역시 정진하고 게으름 안 피웠기 때문에 영리한 사람이 되고, 금생에 둔탁한 사람은 전생에 낮잠이나 자고 게으름을 피우고 했기 때문에 둔탁하게 된 것입니다. 전부가 자기가 책임지고 자기가 만들어 놓은 그러한 인과의 원리로 이루어집니다. 그래야 정직하고 살맛이 나는 인생 살이지요. 어느 제삼자가 내 인생살이를 만들어줌으로 해서 행복 하다면 얼마나 창피한 일입니까.

중생이 있기 때문에 부처가 나옵니다. 착한 사람이 있기 때문 에 악한 사람이 나오고, 밝은 것이 있으니까 어두운 것이 있고, 네 가 있으니 내가 있고, 죽은 것이 있으니 산 것이 있습니다. 아무리 나누고 쪼개려고 해도 표면과 이면을 갈라놓을 수 없습니다. 표면 이 이면이요 이면이 표면입니다. 그런 이치를 알아서 악한 사람을 더 동정하고 사랑하고 더 측은히 생각하고 용서해주고 살펴줘야 합니다. 그래야 우리가 다 함께 행복한 것이지, 잘못된 사람이라 고 난도질하고 처박으려 하면 이 사회가 맹랑해지고 안 됩니다. 인 심만 각박해지고 악랄해질 뿐입니다. 용서해주라는 것은 그 악한 사람을 밀어내서 더 악한 사람 만들지 말라는 말입니다. 물론 잘 못했으면 아들도 종아리 피나게 때리는 수도 있습니다. 그러나 고 쳐주는 방향으로 자비를 베풀어야 합니다. 부처님께서는 삼세제 불이 다 착한 길로 가지 않으면 안 된다고 하셨습니다. 모든 악을 착하게 고쳐야 됩니다. 그럴 때 그 악이 다 착해집니다. 악을 악으 로 다스릴 때는 절대 구제가 되지 않습니다.

부처님의 생명 사상을 찾아가야 합니다. 그 길밖에는 인생이 살 아가는 길이 없습니다. 부처님의 법을 펼치는 것이 참으로 세계를 위하고 국가를 위하고 민족을 위하고 자기 본래의 마음을 위하는 길입니다. 모든 것이 행복하게 살 수 있는 길을 제시하는 것이 부처님의 법입니다. 부처님께서는 일체중생이 다 평등해서 누구나 다 부처라고 하십니다. 이런 자비가 아니고서야 인류가 어떻게 행복하게 살 수 있겠습니까.

우리 중생계에 이처럼 삼계육도가 벌어지고 천당 지옥이 벌어지는 것은 자기 스스로 만들어 놓은 것입니다. 똑같이 이 사바세계에 살아도 행복하게 사는 사람이 있고 불행하게 사는 사람이 있습니다. 어느 제삼자가 간섭하는 것이 아닙니다. 전부가 자기가 하는 것이고 자업자득입니다. 그 이치를 알아서 생활을 항상 반성하고 참선하고 정진해야 합니다. 참선하고 정진한다는 것은 자기 인생을 돌이켜본다는 그 말입니다. 죽비를 치고 잠깐 앉는다는 것은 모든 차별세계를 떠나고 자기 본래의 면목을 보는 것입니다. 거기엔 밉고 고운 것도 없고 옳고 그른 것도 없습니다. 다만 영원히 빛나는 자기가 있을 뿐입니다. 그러한 생명을 부처님께서 강조하신 것입니다. 항상 그 생명을 찾아 살라는 것이 불교의 정진입니다.

정진이라는 것이 다른 게 없습니다. 가나오나 앉으나 서나 한 찰나도 빈틈없이 자기 인생을 돌이켜 보는 것입니다. 친구하고 먹살을 잡고 싸우다가도 자기를 돌이켜 보면 그 싸움이 계속되기가 어렵겠지요. 그것이 일단 이 세상을 잘 사는 방법입니다. 그럴 때 행복하게 사는 길이 그대로 열립니다. 이것이 참선이요, 이것이 염불이요, 기도요, 주력이지 그 밖의 무엇이 없습니다.

불교는 마음농사 잘 짓는 법이지 다른 게 아닙니다. 바깥으로 향하는 것이 아닙니다. 일체유심一切唯心이라 모든 것이 마음에 달려있습니다. 어디 누구 하나에 자기 인생을 꽁꽁 묶어놓고 종노릇이나 하라는 맥 빠진 가르침이 아니라 빛나는 자기 주인을 찾아 나가라는 것이 불교의 가르침입니다. 아무도 내 인생을 간섭할 수는 없습니다. 위대한 자기 생각은 시공을 초월하므로 자기 핵심이 없는 시간도 없고 자기가 없는 공간도 없습니다. 불생불멸한 위대한 자기 생각을 망각하고 백 년 안쪽 인생인 이 삶을 아귀다툼하고 살아야 되겠습니까. 영원한 자기 생명의 빛을 향해서 살기 전에는 행복이란 없고 평온함을 만날 수 없습니다.

항상 자기 마음을 편안하게 하는 정진을 해야 합니다. 가만있으나 앉으나 서나 자유로워야 합니다. 시간 공간을 초월하고 일체를 해탈하는 자기 마음을 찾으라는 것이 부처님의 가르침입니다. 그렇게 살면 천당이요 극락정토세계가 되고, 부처님의 법을 외면하면 지옥이요 불행한 세계가 되는 것입니다. 창조주나 조물주가 있다고 한다면 여러분 각자가 다 조물주입니다. 아무 차별이 없습니다. 인간 위에 인간이 없고 인간 밑에 인간이 없는 절대 평등이 불교의 근본핵심입니다.

그러면 이런 질문이 있을 수 있습니다. '불교는 마음이 부처라고 신을 부정하면서 막상 왜 절에 가보면 산신에 귀신에 온갖 신을 만들어 갖고 섬기느냐? 그것이 모순이 아니냐?' 그러나 불교에서는 인간 이상의 신은 없습니다. 인간이 술에 취하면 술 귀신이고, 아편중독자는 아편 귀신이 되고, 다이아몬드를 취하다 죽으면 다이아몬드 귀신이 되고, 감투를 쓰는데 환장하다 죽으면 감투 귀신이 되고, 그렇게 팔만사천 귀신이 휘두르고 있습니다. 몸뚱이는 살아 다녀도 제정신이 없고 인간정신이 없으면 그것이 다 귀신입니다. 신이 따로 없습니다. 물이 얼면 얼음이 되었다가 다시 녹아 증발하면 하늘에 구름이 되고 그것이 또 얼면 눈이 되고 하듯이, 자기가 지은 업대로 도깨비도 되고 귀신도 되고 지옥도 만들고 천당도 만드는 것입니다.

지옥이며 귀신이 다 그림자입니다. 희로애락과 희비 장단이 다 마음의 그림자요 마음의 파도입니다. 그림자는 모두 무너집니다. 파도가 일면 물에 비친 그림자가 다 흩어지듯이, 미워하고 사랑하고 애착의 파도가 치면 본래의 마음이 어지러워지고 미칩니다. 삼독의 파도가 없어지면 본래 고요하고 맑은 물빛이 확연하게 드러납니다. 근본 마음에 탐진치 삼독이 일어나면 이것이 파도인 줄 알아야 합니다. 파도가 가라앉으면 본래 마음의 불생불멸하는 마음자리를 만나게 됩니다. 우리가 이것을 쟁취하기 위해 참선하고 염불하고 기도하고 머리 짜내 공부하는 것입니다.

사실 이것이 결국 우리가 다 아는 얘긴데 귀한 시간 내어 다시 또 듣는 것은 한 번 듣고 두 번 듣고 자꾸 들을수록 마음이 다져지고 더 정확해지기 때문입니다. 밥을 어제 먹었다고 오늘 안 먹고는 안 됩니다. 매일같이 밥 먹고 살아야 하듯이 우리가 정신세계의 밥을 자꾸 먹어서 몸에 배어야 합니다. 안개 속을 지나면 옷이 축축하게 젖습니다. 금방 안 젖어도 시간이 지나면 축축하니 안개에 젖는 것처럼 항상 부처님의 세계와 접근하는 그런 생활습성을 길러야 됩니다.

제2장

아끼고 나누며 함께하는 삶

불교는 자신을 비우는 것

 절에 다니면서도 불교가 뭔지 모르는 이가 더러 있습니다. 불교는 무아無我, 자기를 비우라는 가르침인데, 말로는 불교신자라고 하면서 자기 본위로만 살고 있어서 오히려 부처님 가르침과 거꾸로 갑니다. 서로 자기가 잘났다고 자기중심으로 사는 데서 불행이 오는 것입니다. 자기를 없애고 살 때 전 우주가 내 몸이 되고, 전 세계의 중생과 동체대비가 되고, 부처님마냥 적 없이 살 수 있게 됩니다.

 또 더러는 스님을 위해 절에 오는 줄 아는 사람도 있습니다. 그러나 의사가 병자를 위해 있지 병자가 의사를 위해 있는 것은 아닙니다. 승려는 중생을 위해 있는 것이지 저 자신을 위해 있는 것이 아닙니다. 승려는 자기를 완전히 비워 버린 사람입니다. 헤매는 중생이 절에 온갖 시주를 한다 해도 그건 자기 스스로를 위해서 하는 줄 알아야 합니다. 지금 종단에서 절을 놓고 다투는 것은 승려가 뭔지 모르는 사람들이 벌이는 행동입니다. 승려가 자신을 모르면 신도는 방황하게 마련이지요. 그러니 승려가 뭐고 신도가 뭐고 불법이 뭘 가르치는지를 먼저 알아야 됩니다. 그럴 때 세상이 명랑해지고 우리 사회에서 불교가 바로 서게 됩니다.

부처님은 제자들을 인천사人天師라고 했습니다. 인간 세상뿐 아니라 천상세계에서도 스승이라는 말입니다. 승려는 천지를 내 집으로 삼고 사는 인천사人天師입니다. 오직 미혹한 중생을 건지고 가르치기 위해서 동서남북으로 뛰어다니며 사는 것이 승려입니다. 승려란 그렇게 무서운 것입니다. 태어남과 죽음이 없는 그 근본을 알기 위해서 인간의 욕락을 일체 부정하고 출가한 이들이 승려이고, 그 진리를 획득하기 위해서 신도가 모이는 곳이 절입니다. 이처럼 공부하는 근본 자세부터 분명히 알아야 됩니다.

부처님 당시에 어느 거지의 이야기를 하나 하지요. 얼마나 가난했던지 두 사람이 누더기 한 벌을 번갈아 입으며 살아야 했습니다. 남자 거지가 밥 얻어먹으러 가면 여자는 옷 벗고 굴속에 들어앉아 있고, 남자가 밥 얻어먹고 오면 다시 여자 거지가 그 옷을 입고 가서 밥 얻어먹으러 나갔습니다. 그 누더기는 두 생명을 관할하던 중대한 물건이었습니다. 하지만 수십 년을 빨지 않고 입었으니 코를 들 수 없이 추한 냄새가 나서 어느 누구도 안 가지고 갈 물건이었습니다.

그러던 하루 두 사람이 밖을 내다보니 옷을 잘 차려입은 사람들이 연이어 지나가고 있었습니다. 그 모습을 보니 신세한탄이 절로 나왔습니다. "우리는 왜 평생 이 누더기 옷 하나를 입고 얻어먹으며 사는 걸까? 사는 게 도대체 뭘까?" 때마침 부처님의 10대 제자인 아난존자가 지나가다가 그 소리를 듣고는 그들에게 다가가서 말을 건넸습니다. "그렇게 한탄만 하지 말고 부처님께 복을 지어야 될 게 아니겠소? 씨앗을 뿌려야 열매를 맺는 것이랍니다."

"아이고! 우리가 이 꼴로 사는데 어떻게 부처님께 복을 지을 수가 있습니까? 아무것도 드릴 게 없습니다. 가지고 있는 거라고는 이 냄새나는 누더기 한 벌뿐입니다." 이야기를 들은 아난존자가 누더기 하나를 가지고 있다면 그것이라도 보시하라고 권하자 두 사람은 "이 모양으로 백 년을 살면 뭐 하겠어. 이 누더기라도 보시할 수 있다면 우리도 복 한 번 지어보자. 오늘 굶어 죽더라도 이 누더기를 바치자." 하면서 의논 끝에 누더기를 아난존자에게 기쁘게 내주었습니다.

아난존자는 누더기를 들고 부처님이 계신 곳으로 갔습니다. 수천 대중이 모인 영산회상에 누더기를 휘휘 젓고 들어가니까 모두가 코를 막았지요. 그 고약한 냄새나는 것을 부처님께 갖다 바쳤습니다. 그것을 받은 부처님은 희색이 만면이었습니다. 부처님이 보시물을 받고 그렇게 기뻐하는 모습을 본 일이 없을 정도였습니다. "부처님이시여! 우리가 모든 것을 아무리 바쳐도 그처럼 기뻐하시는 얼굴은 뵌 적이 없는데 그렇게 흉악한 냄새 나는 물건을 보고 왜 그렇게 반가워하십니까?"

"여러분이 아무리 훌륭한 물건들을 이고지고 와도 이 누더기만큼 귀중한 것은 없었습니다. 그대들은 물건을 가져와도 충분히 살아갈 만한 재력이 남아 있지만 이 누더기는 두 생명이 붙은 귀중한 물건이기 때문입니다. 이런 물건은 한 번도 받아 본 일이 없습니다."

불교는 이처럼 정신세계를 말합니다. 그런데 오늘날의 불자들은 정신세계는 뒷전이고 물질만을 앞세우지 않습니까. 태어날 때 빈주먹 들고 나왔다는 소리는 들었어도 돈 들고 나왔다는 소리는 못 들었습니다. 정신만 바로 잡으면 본시 나고 죽음이 없고 시간 공간이 없다는 것을 알게 됩니다. 몇 천 겁이 지나가도 낡아 없어지는 것이 아니고 몇 만 세가 지나도 항상 그 시간입니다. 나고 죽는다느니 열반에 든다느니 부처가 된다느니 하는 것은 다 잠꼬대 같은 소리입니다. 모든 중생의 근본은 본래 부처인데 정신을 잃어서 전부 다 헤매고 있다는 말입니다. 우주가 생기기 이전부터 여러분은 생사가 끊어진 근본자리에 있다는 그 한 생각을 돌이키면 됩니다.

그건 절대 물질로 안 되는 일입니다. 마음으로 하는 일입니다. 하루만 굶고 밤잠 안 자고 정신을 차리면 다 알 수 있는데도 그걸 모르고 삽니다. 공부는 안 하고 만날 물질과 껍데기에 헤매면서 오는 날도 가는 날도 모르고 어디로 가는지도 모르고 삽니다. 아편에 취하고 술에 취한 사람처럼 정신없이 그렇게 삽니다. 오늘날은 불교가 병 들어서 승려들이 절을 차지하고 재판한다고 야단하니 이런 승려는 자기가 헤매는 줄을 꿈에도 모르는 사람이고, 그 와중에 신도는 더 정신이 없어 불교가 무엇인지 모르게 된 것입니다. 불교는 마음입니다. 꿈을 깨면 됩니다. 사람은 물질로 행복할 수 없습니다.

요즈음 우리나라 사람은 누구나 가난뱅이입니다. 자기 재산이 있는데도 더 갖고 싶어 애쓰니 전부 가난뱅이지요. 인도에 가면 자이나 교도들이 있는데, 그 사람들은 아무것도 안 가지고 몸에 실오라기 하나도 걸친 것 없이도 태평으로 삽니다. 사는 것은 물질의 문제가 아니라 마음의 문제입니다.

마음은 모양이 없습니다. 둥근 것도 아니고 모난 것도 아니고 빛깔도 없는 그것이 마음입니다. 얼굴은 남자니 여자니 잘 생기고 못 생긴 것이 있지만 마음은 그런 게 없습니다. 마음은 크고 작은 것도 없고 시간 공간에 상관이 없습니다. 억만 년 가도 항상 그 자리입니다. 나고 죽음이 없는 불생불멸의 자리이기 때문입니다. 그것 하나만 깨치면 다 태평입니다. 이것을 깨닫기 위해서 불교를 믿는 것이지요.

불교는 정신세계에 대한 가르침입니다. 불교를 공부해서 정신세계를 얻으려 한다는 것을 알아야 합니다. 세상에서는 백 원 들이면 천 원 벌 궁리를 하지만 우리가 얻으려 하는 정신은 그런 것과 비교가 되지 않습니다. 무한한 가치를 가진 것이 정신세계이니 그것을 얻으면 죽고 사는 데 상관이 없습니다. 건강을 잃으면 아무리 좋은 음식이라도 못 먹고 아무리 많은 재산도 소용이 없는 것과 같습니다. 세상에 태어날 때 맨주먹으로 나온 것처럼 갈 때도 맨주먹 쥐고 가는 것이지, 감투도 보배도 다 못 가지고 가고 사랑하는 이도 미워하는 이도 다 못 가지고 갑니다. 오직 자기 지은 업 그것밖에 가지고 갈 수 있는 게 없습니다. 살아온 것 행동한 것이 그림자같이 따라다니기 때문에 오직 가지고 가는 것은 평생에 갈고 닦은 정신세계밖에 없다는 것을 알아야 됩니다. 우리가 가고오고 하는 것도 이 정신세계를 가고오는 것이어서 바깥으로 헤매는 것은 불교를 믿는 것이 아닙니다.

만유의 근본은 인간

참선參禪이란 자기발견의 시작입니다. 자기발견을 통해서 우주 전반의 생성원리를 꿰뚫어 보게 되고, 자기와 우주가 둘이 아닌 불이법을 확인함으로 해서 무한한 힘과 사랑과 용기가 용출하는 것이며, 물아불이物我不二의 절대 평등한 대진리 위에 서는 것입니다. 그렇게 될 때 비로소 '나다' '남이다' 하는 피아상彼我相이 끊어져 갈등과 투쟁과 적대가 사라지고 자비 무적의 만유애가 펼쳐져 진정한 평화가 구현될 수 있습니다.

그러나 사람들이 자기를 모르기 때문에 그 사는 모습은 늘 밖으로 허둥대고, 서로 다투고 지표를 잃고 미로에서 헤매며, 오욕락만을 헛되이 구합니다. 그것은 마치 목마를 때 소금물을 마시는 것과 같아서 채워도 채워지지 않는 탐욕은 그 도가 날로 높아져 스스로도 불행해 집니다. 그 결과로 결국 오늘날과 같은 어지러운 사회상을 노출시키게 되는 것입니다. 참자기를 찾는 직업인 선禪수행이 널리 요구되는 까닭이 여기에 있습니다.

선이란 한마디로 '안정된 마음 위에 정확한 견해'라 하겠습니다. 온갖 갈등과 투쟁과 부조리가 야기되고 과오를 범하게 되는 까닭은, 우리가 권세와 명예, 돈, 주의주장에 휩쓸려 중도中道를 잃고 이성이 흐려져서 사리판단이 정확하지 못하기 때문입니다. 명경지수明鏡止水와 같은 안정된 마음에서는 정확한 지혜가 절로 드러나 매사에 어긋남이 없게 되지요. 그러나 인간 본연의 생활면목이기도 한, 이 명경지수와 같은 안정되고 맑은 마음이 쉽게 얻어지는 것은 아닙니다. 얼핏 쉽게 생각하여 일부러 지어서 안정을 얻으려 하는 사람들이 많은데, 상념으로 인식하게 되는 것은 결코 진정한 안정의 본래면목은 될 수 없습니다. 그렇게 안정을 얻었다는 것은 그 생각이 도리어 안정의 바탕 위에 파도가 일어나는 것입니다. 여기에 선수행의 독특한 문이 있습니다. 이 문은 무슨 일정한 틀이 없어 무문관無門關이라고 합니다. 사통팔달 모두가 다 문이라는 뜻이지요.

'명상을 붙일 수도 없고 상념으로 생각할 수도 없어서 미세한 곳에 있으면서도 우주를 송두리째 삼키고, 안으로는 뭇 묘한 이치를 다 간직함으로 해서 밖으로부터 오는 일체 모든 것을 다 응해주는 것. 천지인天地人 삼재三才의 주가 되며 만법의 왕이 되며 호호탕탕浩浩蕩蕩해서 비교할 바가 없고 외외락락巍巍落落하고 현현묘묘玄玄妙妙해서 그 대가 끊어지는 것. 공空도 아니고 유有도 아닌 그것. 우주 만유가 생기기 이전에도 있었고 천지만상이 다 멸해 없어진다 하더라도 없어지지 않는 불생불멸인 것. 밝기로 말하면 백천일월도 따라올 수 없으며, 어둡기로 들면 깜깜한 침통보다도 어두우며, 행주좌와行住坐臥 어묵동정 語默動靜 일체처 일체시에 소소영영昭昭靈靈하게 작용하는 것. 이놈이 무엇인고?'

이 조사 공안公案을 바로 깨달아 알면 자기의 본래 면목을 꿰뚫어 보게 되어 기울어짐이 없는 중도에 서게 됩니다. 그래야 비로소 '수처작주隨處作主 입처개진立處皆眞' 어느 곳에서든지 근본이 되고 어느 곳에서든지 진실하여 인생을 올바르게 살아갈 수 있습니다.

무한대의 우주공간에는 수없는 국토가 펼쳐져 있습니다. 하늘에서 반짝거리는 수많은 별 그 국토에 가서 이 지구를 바라본다면 아주 조그마한 별로 보일 것입니다. 이렇듯 한량없이 많은 국토와 불생불멸의 자아를 잃고 작디작은 지구촌 내에서 육척단구의 백년인생에 국한해서 관능적인 오욕락과 코앞의 현상에만 사로잡혀 서로 다투며 살아가고 있으니 얼마나 한심합니까. 여기에 현대인의 고통이 있고 인간성 상실의 신음이 있습니다. 지구촌 방방곡곡에서 시시각각으로 일어나는 많은 사건들이 우리의 신경을 자극하고, 물질문명의 찌꺼기가 뿌리는 온갖 독소들로 인하여 현대인은 어느 때보다 정신적으로 육체적으로 앓고 취해있습니다. 낭만과 여유를 잃어버린 채 쫓기는 듯 분주히 생활하는 가운데 인정미는 사라져 갑니다. 이러한 상황에서는 자칫 이성을 잃기

섭니다. 자기 회고와 자아 반성을 하기란 더욱 어렵습니다. 선수행은 이렇듯 분주한 가운데서도 자신을 불러 마음을 가라앉히고 본래 자기 모습을 다시금 확인하는 그 희열을 얻고자 하는 것입니다.

그러나 형상이 있는 이 사상계에 머물러서는 서로가 원융무애圓融無碍를 이룰 수 없습니다. 작은 그릇에는 큰 물건을 담을 수 없고, 둥근 구멍에 모난 막대기를 들여보낼 수가 없으며, 검은색과 흰색은 서로 상살相殺이 되고 똑같이 나타날 수 없다는 것이지요. 그러나 형상이 없는 우리의 본래 마음은 대소장단大小長短 일체 형상에 구애됨이 없고 산하석벽山河石壁이나 원근거리遠近距離에 하등의 장애를 받지 않습니다. 그래서 마음을 잘 선용善用하면 무한한 가능성을 이룰 것이되 이 마음을 옹졸하게 쓰면 끝없는 고통과 파멸로 이끌어지게 됩니다. 그러므로 항상 원융무애한 근본 마음으로 돌아가서 참 위대한 인생의 살림살이를 해야 하겠습니다.

만물이 근본으로 돌아가는 것은 만유의 진리입니다. 백천百千 강물이 필경 바다로 흘러들 듯이 우리 민족도 우리 민족의 근원으로 돌아가야 합니다. 우리 민족을 모르고 어떠한 외래 사상이나 외계의 세력으로 우리 민족의 근본을 흔들고 민족혼과 민족사상을 말살하려는 행동은 결단코 배제되어야 합니다. 한 인간도 인간 본연의 뿌리로 돌아가야 합니다. 인간 본연의 진면목을 오득悟得함으로 해서 만인 평등의 대진리로 돌아가게 하는 것, 그것이 바로 선수련의 목적이지요. 근본 목적을 잃어버린 생활은 초조하고 방황하니 혼란을 초래할 수밖에 없습니다. 우리는 현대인의 정신에 청량제가 될 이 참선수련을 통해서 일체 형극荊棘을 극복하고, 불생불멸하는 본연의 자아 면목을 오득하며, 해탈의 피안에서 가가대소呵呵大笑할 수 있는 법열法悅을 얻자는 인간 선언을 할 수 있습니다.

인간 이외에 따로 신이 없고 신 이하의 인간도 없습니다. 문물이 발달되지 못했을 때에는 육척도 안 되는 조그마한 이 몸뚱이를 자아로 생각하고 거기에 묶여서 밖의 존재에 대해 공포심을 일으키기 일쑤였습니다. 바다, 산, 일월, 큰 나무, 큰 바위, 이러한 외형계에 위축되어 해신, 산신, 일신, 목신, 온갖 신을 염출했습니다. 그 속에서 빠져서 인간을 상실하고 전전긍긍, 공포 속에서 자승자박하여 신의 예속에서 벗어나지 못했지요. 그러다 차츰 문화가 발달하면서 결국 신을 극복하고 인본주의로 돌아오게 되었습니다.

인간이 만유의 근본이며 우주 창조의 핵심체입니다. 인간 스스로 자기 핵심이 있으므로 우주 만유가 있는 것이요, 자기가 없으면 우주는 빈 껍질입니다. 자기 핵심을 잊고 어느 한 곳에 집착할 때 인간은 신으로 전락하고 맙니다. 금은보석과 값진 보물에 지나치게 애착하던 사람이 여행 중에 비명횡사로 죽었다면 그 죽은 영은 보물이 있는 곳으로 돌아와서 거기를 떠나지 못하는 보물신이 되는 것입니다. 산을 좋아하면 산신이 되고, 바다를 애착하면

해신이 되고, 하늘을 애착하고 동경하면 천신이 되고, 땅을 좋아
해서 지신이 되고, 재물을 좋아해서 고방신이 되고, 남녀 간 사랑
에 빠져 사랑신이 됩니다.

일체유심소조一切唯心所造입니다. 신이라 하여 따로 종자가 있는
것이 아닙니다. 인간이 자기 스스로 창출해 내는 것입니다. 공업에
종사하면 공업의 세계, 예술을 익히면 예술의 세계, 시의 세계를
익히면 시의 세계, 술을 익히면 술의 세계, 담배를 익히면 담배의
세계, 악을 익히면 악의 세계, 선을 익히면 선의 세계, 이렇게 자업
자득으로 현현하게 됩니다. 어느 제삼자나 신적 존재가 던져주는
것이 아니라 자기 자신이 창출해 내는 세계입니다.

이렇게 명약관화明若觀火한 사리판단으로 자기 인생을 자기가 책
임지고 정진하고 연마하며 부단한 노력으로 더 원만한 생을 유지
하자는 작업이 선사상입니다. 인간 본연의 뿌리를 자각해서 위대
하고 무한한 인간의 창조력을 발굴해 내는 작업입니다. 자기 인생
을 성찰할 줄 모르고 오욕락에 빠지거나 밖으로 어떤 초인간적
신이나 조물주를 상기시켜서 거기에 구원을 얻으려고 하는 미몽
迷夢에서 크게 각성해야 합니다. 그리하여 무한한 힘과 사랑과 용
기가 넘치는 불생불멸, 물아불이物我不二의 자기 모습을 되찾도록
모두 힘써 정진합시다.

세상을 가장 아끼고 열심히 사는 길

물질문명이 고도로 발달하고 모든 것이 풍족한 선진 사회에서도 인간 사이의 갈등이나 범죄문제는 해결하지 못하고 있는 것이 현실입니다. 그런 것을 보면 물질만으로는 행복한 삶을 이룰 수 없는 듯합니다. 현대인들이 진정한 행복을 이루려면 어떻게 해야 할까요?

마음을 여의고 보면 아무 것도 없는 것입니다. 행복하다 불행하다 하는 것도 마찬가지입니다. 사실 육체가 편해야 행복하다는 생각도 다 마음에서 일어나지 육체에서 일어나는 것은 아닙니다. 그런데 사람들은 마음에 대한 각성은 없이 육체에만 매달려 그 욕망을 따라가며 충족시켜서 행복을 얻으려고 하니 벌써 근본 생각부터 어긋나버린 것입니다.

사람의 욕망이란 것은 끝이 없습니다. 아무리 육체를 중하게 여겨 그 욕망을 채워주고 보호해 준다 해도 욕망이 만족되는 경우는 없습니다. 육신은 그저 끝없이 욕망을 일으킵니다. 하루 한 끼를 먹더라도 마음의 안정을 얻으면 그것이 행복인 줄 알아야 합니다. 정신에 결핍이 생기면 아무리 맛있는 음식을 배불리 먹는다 해도 목마르다고 소금물 마시는 것과 같이 갈증만 더할 뿐 행복해질 수 없습니다. 육신을 좇고 물질에 팔려서는 족함을 얻을 수 없습니다.

그렇다고 해서 물질을 부정하자는 것이 아닙니다. 물질과 정신을 병행해서 풍요롭게 할 때 행복을 얻을 수 있는데, 요사이에는 정신은 뒷전이고 감각적인 욕망에만 자꾸 사로잡혀 가다 보니 만족도 생기지 않고 행복은 멀어집니다. 이것이 다 병이지요. 무엇보다 정신이 풍요로워야 합니다.

너무 물질에만 매이지 말라는 말씀인데, 이를 잘못 받아들이면 마치 불교가 물질을 배격하는 것처럼 생각하기가 쉽습니다. '불교에서 가르치는 대로 욕망도 다 버리고 물질을 등한시한다면 어떻게 과학기술문명이 발달하고 사회가 발전하겠는가? 하는 문제 제기가 있습니다.

불교에 물질을 무시하는 말은 절대 없습니다. 오히려 세상 모든 물건은 터럭 하나도 함부로 버리지 않는 것이 불교입니다. '불사문

중佛事門中에는 불사일법不捨一法'이라 하여 불교에서는 한 법도 버리지 않습니다.

그런데 물질의 발전이라는 게 사실 물질만 발전된다고 하여 이루어지지는 않습니다. 정신의 발전 없이 물질이 어찌 홀로 발전될 수 있겠습니까. 물질을 모두 무시한다면 그 사람 정신은 병든 것입니다. 정신이 충실할 때 물질 하나하나에 대해 다 설명할 수 있습니다. 물질 하나하나를 다 중요시하는 정신이라야 온전한 것입니다. 현실 위에서 바로 보라는 가르침이 불교입니다. 참으로 근본에서는 마음과 물질이 둘이 아닌 하나이니 마음이 물질이고 물질이 바로 마음입니다. 하나에 대한 안목이 열리지 않고 항상 바깥으로 헤매며 자기 초점을 잃어버리기 때문에 모든 문제가 다 걸리는 것입니다. 초점을 바로잡고 물질 전체를 세밀하고 정확하게 파악하여 그에 흔들림 없게 하자는 것입니다. '대경천차對境千差이나 심한일경心閑一境이라' 천만상千萬相의 사물을 대하더라도 자기중심을 잃지 않고 볼 때 착란이 없습니다. 자기 마음 중심이 착란이 되면 모든 경계가 다 착란이 됩니다.

'일즉다 다즉일一卽多多卽一'이라고 했습니다. 세상 만물이 하나된 원리만 알면 다 되는 것입니다. 요새 사람들이 신경쇠약에 걸리고 노이로제에 걸리는 것도 그 하나를 모르기 때문입니다. 그 하나의 원리를 잡지 못하고 자꾸 복잡한 데를 따라가니까 정신이 감내하지 못하게 되는 것입니다. 이치는 하나이므로 그 하나의 중심만 잃지 않으면 종일 떠들고 종일 일해도 정신에 착란이 오지 않습니다. 선문禪門에서 말하는 '종일 웃어도 웃은 바 없고 종일 얘기해도 얘기한 바 없다'는 소리도 같은 이야기입니다.

초점을 잃어버리면 이것 다르고 저것 다르고 사사건건이 다 다른 것 같지만, 초점만 잃지 않고 중심을 잡고 있으면 만사가 다르지 않게 되고 착란이 안 일어납니다. 부채의 사북이 흔들리면 부채 전체가 흔들리고, 사북이 중심이 되어 견고하면 폈다 오므렸다 하기가 자유로운 것과 같습니다. 불교는 마음에 초점을 갖고 모든 사건을 대하는 안목이지 매사를 따로따로 보는 것이 아닙니다. 어떤 현실이라도 바른 눈으로 보면 정리가 되고, 이해가 되고, 대치되는 것이 하나도 없습니다. 마음을 여의면 어느 하나도 있을 수 없다는 것이 그런 의미입니다. 마음을 없애버리면 우주가 다 빈껍데기 아닙니까. 바윗돌이 바깥에 있으니 내 마음 아닌 것 같지만 바윗돌도 내 마음 속입니다. 마음이 없으면 바윗돌의 좋은 점을 인식할 수 없습니다.

이 마음은 한계가 없습니다. 빛깔이 있다든지 모양이 있다든지 냄새가 있다든지 하면 그것으로써 한계 지어지는 면이 있겠지만, 마음은 그런 한계가 없으니 어떠한 것을 포용해도 조금도 구애받지 않습니다. 그러니 어떤 복잡한 사건이라도 다 마음속에서 해결되는 것입니다. 마음 따로 있고 현실 따로 있는 것이 아닙니다.

교리에 보면 마음이라는 6식六識은, 두 개의 부싯돌이 부딪혀서 불이 일어나듯이 6경六境:色聲香味觸法과 6근六根:眼耳鼻舌身意이 부딪혀서 일어난다고 합니다. 그런데 서양의 무수한 철학에서는 물질과 정신, 즉 존재와 의식 문제에 있어서 어느 것이 먼저인가를 놓고 굉장히 논쟁들을 벌여오고 있지 않습니까. 불교의 교리체계에서는 어떤 입장이 더 타당할까요?

불교에서는 그렇게 갈라 보지 않습니다. 사실 따지고 보면 이런 문제는 계란이 먼저냐 닭이 먼저냐는 문제와 똑같아서 어느 것이 먼저라 할 수 없습니다. 마음이니 물질이니 하는 것도 그렇게 갈라볼 수 없는 것이지요. 서양 철학에서는 유심이다 유물이다 하여 갈라 보지만, 사실 유심이 없으면 유물이 성립 안 되고 유물이 없으면 유심 또한 성립 안 되는 것이 이치입니다. 그래서 불교에서는 유심론이니 유물론이니 그 어디에 치우쳐 말하는 법이 없습니다. 계란이 닭이고 닭이 계란인 것처럼 유심이 유물이고 유물이 유심입니다. 그것을 놓고 선후를 따진다는 것은 말이 안 됩니다.

불교에서는 6근과 6경뿐 아니라 우리 마음까지 물질로 봅니다. 마음이 물질 없이 어디 따로 성립될 장소가 없지 않습니까. 육체가 없는데 마음이 어디 붙느냐 말입니다. 물론 마음과 육체 그 자체를 갈라놓는 것부터가 불가능한 일이지만 굳이 이론을 붙여서 따져본다면 그렇다는 말입니다.

그렇기 때문에 불교를 교학적으로만 따지는 것은 미흡한 안목입니다. 팔만사천 법문을 해놓으신 부처님께서 '나는 한마디도 설한 바 없다.' 하신 데에는 그런 뜻도 있습니다. 언설言說을 붙이면 안 됩니다. 부득이 합칙적으로 붙이자 하니까 마음을 마음으로 잡고 물질을 물질로 잡을 뿐입니다. 마음이 경계에 부딪혀 일어난다고 하지만 그것도 마음과 물질이 동시에 부딪혀 일어나는 것이지요. 그를 구분 지어 물질이 먼저다, 마음이 먼저다, 경계가 먼저다, 그런 식으로 따질 수 없습니다. 그래서 불교는 따로따로 갈라서 보지 않는 불이법을 말합니다.

모든 종교는 저마다 진리를 구하는 길을 내세웁니다. 불교에서는 진리란 밖에서 구하는 것이 아니라 자기를 돌이켜 안에서 찾는 것이라 합니다. 자기 안의 무엇을 어떻게 해야 진리를 찾는다는 것인지 쉽게 이해할 수 있도록 구체적인 설명을 부탁드립니다.

쉽게 말한다고 될 것도 아니고 그야말로 하나 알면 모든 것이 다 알아집니다. 사실 '밖에서 찾는다' '안에서 찾는다' 그런 말부터가 모순입니다. '안에서 찾는다' 하는 소리는 외도外道들이 자기 마음은 놔두고 바깥의 엄청난 무엇을 좇아 헤매니까 이에 반해서 불교는 바깥으로 헤매지 않고 자기중심을 갖고 안에서 찾으라는 뜻을 설명하자니 나온 말입니다. '안'이라는 것도 독립된 말이 아닙니다. 근본적으로는 안이라는 것이 밖이며 밖이라는 것이 바로 안이지요. 안이다 밖이다 하는 것은 상대적 논법입니다. 자기중심 버리고 뚱딴지같이 바깥을 헤매며 밖에 매달리는 것을 부수자니 나온 말입니다.

욕심을 버리고 물질을 버리라는 말 때문에 생기는 오해가 있습니다. 불교를 공부하고 수행을 하려면 세속을 떠나 산속으로 들어가야 되고 바깥에서 일어나는 경계를 무시해야 한다는 생각이 그것입니다. 도道를 마치 구름이나 목석같은 것으로 생각하기도 합니다. 도를 닦는 것은 아무나 하는 게 아니라 근기가 높은 사람만이 할 수 있다는 생각도 꽤 일반적입니다. 또 '도를 닦는 것은 비인간적이다. 그렇게 인정 없이 사느니보다 욕심 갖고 인간적으로 사는 편이 낫지 않은가' 하는 회의도 많이 있습니다.

두 가지로 이해할 수 있습니다. 세상 사람들이 현실을 따라가며 살다가 내리는 결론이란, 욕심을 아무리 부려봐야 언젠가는 환멸을 느끼게 된다는 것입니다. 이런 면에서 불교는 세속에 달관하여 탐착하지 말라고 합니다. 그런데 그게 전부라면 그렇게 팔짱 끼고 가만히 앉아 있는 소극적인 불교를 어디다 써먹겠습니까. 물건을 애착하는 게 아니라 그 누구보다도 물건을 잘 활용하기 위해서 더 아끼고 더 노력하는 것이 불교입니다. 불교는 현실을 무시하고 방관적이고 소극적으로 살라는 가르침이 아닙니다. 불교는 세상을 무시하거나 자포자기 하지 않습니다.

농사를 짓는다면 다른 이보다 더 일찍 일어나서 가꾸고 남보다 더 노력해서 수확을 많이 얻고자 노력하는 것이 불교입니다. '먹으면 똥 되는 그까짓 것 지으나 마나다.' 하는 태도가 아닙니다. 장사를 하는 데 있어서도 불교인일수록 더 알뜰히 합니다. 서로 간에 어긋나지 않는 범위 안에서 많이 버는 것이 좋지요. 공학도라면 남보다 더 부지런히 공부해서 훌륭한 기술을 연구하고, 글을 배워도 남보다 더 눈을 크게 뜨고 공부하고, 무엇이든 오히려 남보다 더 잘하는 게 좋습니다. 그렇다고 자기 욕심만 채우라는 뜻은 절대 아닙니다. 내가 애써서 벌어들인 결과물은 내 것이다, 옆도 뒤도 돌아볼 것 없다는 그런 가르침이겠습니까. 부지런한 노력과 활동으로 남보다 몇 배 거두어들인 그 수확물을 자기 혼자 먹고 쓰지 않고 뭇 사람에게 베풀어내는 사상이 불교입니다. 불교에서는 전체 생명이 다 자기와 동등한 입장에 서 있기 때문입니다.

모든 생명들이 필요로 하는 물건을 더 많이 더 잘 만드는 것은 분명히 행복의 조건이 됩니다. 그러나 대다수가 거기에 집착해서 결국에는 자기만의 욕망을 좇기에 바빠집니다. 시야를 넓혀 모든 인류가 한꺼번에 행복하게 하는 관점을 끝까지 지키는 불교는 오히려 다른 누구보다 더 물질에 대해서 많은 애착을 갖고 소중히 대합니다. 그 근본 마음 깊이는 불교를 모르는 사람이 애착하는 세계와는 전혀 다릅니다. 그때의 애착은 자기 혼자 쓰려는 애착이 아니라 많이 생산하여 많은 사람에게 혜택이 돌아가게 하려는 애착입니다. 자기 개인만을 위하는 좁은 시야에 사는 인간은 되지 말자는 것입니다.

전체 인류를 나와 같이 보고 최선을 다해서 좋은 것을 생산하여 많은 사람이 이익되게 하려는 것이야말로 불교의 참모습입니다. 불교를 따른다고 하면서 세상을 허망하게만 보고 게으름을 피운다면 그 사람은 불교를 곡해한 것입니다. 불교는 영원한 생명을 바탕으로 하여 살기 때문에 자연과 조화를 이루는 생산을 해야 합니다. 나태한 불교는 있을 수 없습니다. 이 몸도 부모에게 받고 사회의 여러 가지 은총을 입어 생긴 것이지 개인 소유가 아닙니다. 우주의 한 일원으로서의 나 한 사람인 것이니 절대적 자기 개인이란 없습니다.

진정한 불교인이라면 오히려 남보다 노력을 더하고, 물건은 더 아끼고, 종이 한 장이라도 함부로 쓰지 않습니다. 그래서 껍데기로 보면 불교인이 더 욕심꾸러기처럼 보이지만 그 욕심은 세상 사람들의 욕심과 다릅니다. 재산을 열심히 모아 한꺼번에 희사할 수도 있고 조금도 마음에 애착이 없이 나눠줄 수 있는 그 바탕이 무엇이냐면, 그것은 전 인류를 한 몸으로 보기 때문입니다. 부처님 가르침은 '게으르지 말라' '해태심解怠心 내지 말라'는 것이지 '무상하니 자포자기하라'는 말은 경전 어디에도 없습니다.

대자연의 섭리 속에서 열리는 인류평화의 길

요즘 사회에서는 소비문제 때문에 많은 얘기가 오고 갑니다. 돈 많이 번 사람들은 자기가 벌었다 해서 함부로 쓰고, 못 번 사람들은 상대적으로 억제된 마음을 갖고 살고, 그러다 보니 자꾸만 서로 갈등을 빚고 있습니다. 또 한정되어 있는 지구 자원을 써대기만 하니까 환경문제 등 여러 가지 문제가 발생하면서 인류에게 커다란 위기가 닥쳐오고 있습니다. 인간이 지구상에서 조화롭게 잘 살아가려면 어떤 생활태도를 가져야 합니까?

삶에 필요한 여러 가지를 이용할 때는 낭비하지 말고 꼭 필요한 만큼만 쓰는 것이 중요합니다. 아무리 풍요로운 세상이고 모든 재정이 늘었다 해도 함부로 소비하고 호화판으로 생활하는 것은 죄악입니다. 물건이라는 것은 자기가 태어날 때부터 갖고 나온 게 아닐 뿐더러 모든 중생이 더불어 사용하는 우주의 공물公物이기 때문입니다. 결코 한 개인의 것이 아닙니다. 자기가 열심히 노력해

世界共一家

和庵

서 얻은 물건이라고 해서 자기 사유물로만 여기는 것은 근시안적인 판단입니다.

모든 존재가 상의상존相依相存하여 전 우주가 같이 복되게 살 때 나도 잘 살아지는 것입니다. 이웃이야 어떻게 됐든 나만 잘살면 된다는 자세로 산다면 자기 자신도 자멸시키고 사회도 혼란해지게 됩니다. 자기 재산이라고 해서 자기 마음대로 쓸 수 있는 재산은 아닙니다. 나에게 재산이 많이 돌아왔다면 어떻게 해야 그것을 모든 사람이 골고루 균형 있게 쓸 수 있겠는가 하는 쪽으로 생각이 모아져야 합니다. 그럴 때 내 복도 새어나가지 않고 영원히 아껴질 수 있는 것입니다. 필요한 것이라도 최소화하고 아껴 사용할 때 그것이 나에게도 복이 됩니다. 남을 해롭게 하는 것만이 죄가 아니라 내 것이라고 함부로 취급하는 것도 죄가 됩니다.

요새는 화장지 하나를 쓰는 것도 함부로 휘감아 쓰고 물건 아까운 줄 모르니 참으로 큰 병폐입니다. 많은 양의 물자가 요구되고, 그 수요에 따르자니 그만큼 많이 생산함으로 해서 불가피하게 각종 폐기물이나 오염물질이 생겨나고 있습니다. 결국 그 해로움이 인간의 생활환경이나 생태계에 큰 타격을 주고 있지요. 물자가 부족했던 옛날에는 종이 한 장도 함부로 쓰지 않고 물자를 낭비하는 일이 없었습니다. 그렇게 아껴 쓰니까 자연히 폐기물이 적었고, 폐기물 양이 적으니 그때그때 없앨 수 있어서 쌓이는 일도 없었습니다.

그런데 인구가 증가하고 소비량이 늘어나니까 그렇게 처리할 수 있는 한계를 벗어나게 되었습니다. 경제가 발전함에 따라 쓰레기 양도 엄청나게 증가하여 쓰레기를 처리하는 일 자체가 큰 숙제가 되었고, 처리하는 과정에서도 냄새나 공기오염 등 온갖 탈이 있지요. 옛날에는 분뇨도 농토로 다 환원시켜서 식물을 가꾸는 데 거름으로 사용했는데, 요새는 일부도 재활용하지 못하고 다 그대로 방류를 해버립니다. 정화시키는 과정이 있다고는 하지만 화학약품을 사용하는 그 과정 자체가 오염과 파괴의 과정일 뿐이 아닙니까. 또 폐기물을 처리할 때는 주로 소각시키는 방법을 사용하는데 그 과정에서 독성 물질이 생겨서 공기가 오염되는 것은 피할 수 없습니다. 이런 것은 다 파멸할 문화이지 옳은 문화가 아닙니다. 우리는 지금 자멸할 일을 하고 있습니다.

그러니 중생이 복 받고 살려면 각자의 소비 욕구를 절제해야 합니다. 모든 물건은 다 중생들의 노력과 자연의 노력에 의해서 나온 것이고 모든 생명체의 살림살이가 대자연의 섭리로 살아가게끔 이루어진 것인데, 중생이 대우주의 진리에 역행해서 우주공도公道의 대죄를 범한다면 불행한 종말을 자초하게 될 것입니다. 앞으로 자기 욕망을 계속 주시하면서 절제하는 생활을 하지 않는 한 문제 해결은 어렵습니다. 물질이 많다 하여 행복한 것이 아닙니다. 오히려 많은 물질이 많은 폐단을 불러옵니다. 창고에 물건을 가득 쌓아놓아 봤자 천재지변이나 전쟁이라도 나면 순식

간에 다 없어지고 말 허망한 것이니, 생활이 어려운 사람에게 미리 돌려주기라도 한다면 인과원칙으로 봐도 복으로 돌아오지 않겠습니까.

인과라는 것도 다 인간이 창조해내는 것입니다. 인간이 그 열쇠를 쥐고 좋은 인과도 만들고 나쁜 인과도 만드는 것이지 운명적으로 세상이 돌아가는 법은 없습니다. 자기가 자기 인생의 인과를 마음대로 돌릴 수 있다는 걸 알고 좋은 인과로 돌려야 합니다. 자연 속의 인간을 생각하고 주위의 이웃을 고려하며 더불어 살 때 좋은 열매를 맺는 것이고, 나의 편리함만을 꿈꾸며 정신없이 살 때 나쁜 독소가 생겨서 파멸의 열매를 맺는 것이지요. 우리는 이 인과원칙에 의지해서, 저마다 자신의 역량을 아낌없이 베풀고 전 인류에게 되돌림으로써 서로가 공생하는 우주의 대진리에 순응해서 살아야합니다.

이혼율이 급격하게 늘어남에 따라서 여러 가지 문제가 나타나고 있습니다. 2세들의 정신적 피해도 굉장히 크다고 합니다. 이 문제의 원인, 해결법에 대해 듣고 싶습니다.

한 생각 잘못할 때 모든 행동이 결여됩니다. 이 세상은 천당이나 극락이 아니고, 우리는 이 세상을 향락으로 사는 것이 아닙니다. 부처님께서는 이 세상이 서로 참고 견디며 노력해서 살아야할 '감인堪忍의 세계'라 하셨습니다. 이 세계는 이상적인 세계가 아니라 사바세계이며 고해苦海인 것입니다. 그런데 사람들은 고해 속에 빠져있는 자기 위치를 모르는 채 착각하며 살고 있습니다. 그렇게 살다 보니 자연히 불평불만이 늘게 되고, 결국은 가장 가깝고 다정하게 살아야 할 내외간에 파탄이 와서 이혼까지 하게 되는 것입니다.

평생 고락을 같이 하고 생사를 같이 하자고 모인 것이 내외간입니다. 서로 사랑하며 의지하고 격려하며 도와주는 마음, 즉 자비의 정신으로써 살아야 하는데 그와 반대로 '나를 도와달라' '나한테 잘해달라'는 마음으로 사니까 서로 각도가 안 맞아서 화가 생기게 됩니다. 늘 자기 본위로만 사고를 하기 때문에 자기만족이 안 되면 곧바로 뿌리쳐 버리니까 같이 살기가 힘듭니다. 자기 인생을 참으로 행복하게 살려면 먼저 남을 위하며 살 수 있는 사람이 되어야 합니다. 상대가 나를 의지해 만났으니 내가 어떻게 하든지 저 사람을 만족하게 해줘야겠다는 생각으로 서로 간에 똑같은 마음을 갖고 위한다면 둘 사이에 틈이 없어지게 됩니다.

욕심으로 살고 욕망으로 사는 세계는 금수 세계이지 인류 세계가 아닙니다. 지금 우리 세상은 금수 세계로 전락하고 있습니다. 한번은 뉴욕에서 한국 교환교수와 박사 등 내로라하는 사람들 여러 명이 모여서 저녁식사를 하는 자리가 있었습니다. 그중에 인도 여행을 다녀왔던 한 사람이 사진을 내보이면서 하는 말이 인도는 야만국이라는 것이었습니다. 내가 그 말을 듣고 "소련은 안 가봐서 모르겠지만 20세기에 가장 미개하고 야만적인 나라가 미국"이라고 얘기했습니다.

지금 미국의 도시에서는 하루에도 예닐곱 건이 넘는 살인사건이 매일같이 일어난다고 합니다. 주머니에 권총을 몇 자루씩 갖고 다니며 살인사건을 일으킵니다. 배가 고파서 훔쳐 먹기 위해서라면 일말의 동정심이라도 생길 텐데, 산에 가서 짐승 사냥하기보다 사람 사냥하는 것이 수입이 더 좋다는 이유만으로 사건을 일으키니 이야말로 야만족이 아닙니까. 인도는 화장실이 없어 사방에다 볼일보고 옷도 헐벗고 제대로 배불리 못 먹어도 그런 일로 살인사건 나는 일은 없다는 말입니다. 굶어 죽으면서도 욕심내지 않고, 검박하게 살면서 남의 물건 훔치지 않고, 남을 해치거나 전쟁을 일으키지 않고, 고깃덩어리 몸뚱이를 기준으로 해서가 아니라 영원한 생명을 기준으로 해서 살면서 죽음에 대해서도 태연자약하게 갠지스 강가에 모여 앉아 있으니 이들이야말로 문화민족의 모습이라 할 만하지요.

간디는 평생 남한테 당하면서도 폭력항의 하지 않고 단식하며 무저항주의로 일관했고, 달라이 라마도 중국에서 쫓겨 나와 망명생활 하지만 결코 무기를 사용해서 해치는 일은 꾀하지 않았고 평화적인 해결을 모색했습니다. 육체 하나가 다하고 나라가 망하고 하는 것이 인간의 끝이 아닙니다. 영원한 생명을 볼 줄 알아야 합니다. 영원한 생명의 빛을 보고 사는 사람들이 문화민족이지, 그저 향락에 도취되어 남을 죽이고 무기 쌓아놓고 전쟁을 일으키는 사람들이 문화민족이겠습니까. 비록 남의 속국이 되었을지라도 전통을 살리고 자기 종교와 문화를 지키며 얼을 되살리는 나라, 껍데기 문화보다 정신문화를 중요하게 여길 줄 아는 나라가 진정 문화국입니다.

어떤 사람이 인도를 여행하던 중에 여유분으로 남은 도시락이 있어서 굶주린 듯한 인도인에게 주었는데 그 사람이 덤덤하니 고마워하는 표정을 안 비치더랍니다. 기분이 상해서 "당신은 고맙다는 말 한마디도 못합니까?" 하고 불쾌한 내색을 하자 그 인도인이 이렇게 말했답니다. "감사는 오히려 당신이 해야 하지 않습니까? 당신은 여유가 있어서 남에게 베풀었으니 복을 지어 인생에 저금하는 셈이지만, 나는 당신에게 할 수 없이 신세를 져서 빚을 진 셈이니 뭐 감사할 것이 있습니까. 당신이 지금 나에게 빚을 주고 나중에 이자를 받게 됐으니 오히려 나한테 감사해야 하죠." 비록 생활은 곤란하지만 그 속에서도 이렇게 살아있는 소리를 할 수 있는 게 인도입니다.

남을 도와주는 것이 자기를 도와주는 것

많은 수행자들이 부처되기를 원하지만 그것이 쉽지 않습니다. 어떻게 하면 부처가 될 수 있을까요? 부처가 되기 위한 어떤 전제 조건은 없는지요?

부처가 따로 있는 게 아닙니다. 누구나 본시는 이미 부처인데, 밝은 달이 구름에 가려서 빛을 발휘하지 못하는 것처럼 본래 있는 부처가 탐진치 삼독의 그림자에 가려서 안 보일 뿐입니다. 그러니 그것을 어렵다고 할 문제가 아니지요. 오히려 너무 가깝고 너무 쉽기 때문에 먼 것 같은 느낌이 드는 것이지 어렵다고 할 무엇이 없습니다.

탐진치 삼독을 비워야겠다 하면서도 자꾸 많은 것을 갖고 싶고 또 이름도 날리고 싶은 것이 저희들 일상의 마음입니다. 그런 마음을 어떻게 평정하면 되겠습니까?

탐진치에 취해서 욕망을 채워 가면 과연 인생이 만족해집니까? 탐진치에 빠져들어가면 갈수록 오히려 자기 인생은 더욱 가난해 지고 행복과는 멀어집니다. 그런 이치를 깨우치고 스스로 반성하면 참다운 생활, 행복한 생활을 할 수 있습니다.

좀 우스운 질문 같은데 극락은 정말 있는 것일까요?

그렇다면 괴로운 이 사바 중생 세계는 정말 있는 것입니까? 이 괴로운 사바세계가 있는 것이라면 어떻게 좋은 극락세계가 없겠습니까. 사바세계를 부정해 버리고 이런 괴로운 세계가 없다고 한다면 극락세계 역시 없다고 할 수 있겠지만, 사바세계가 있는데 어떻게 아름다운 극락세계는 없다고 하겠습니까. 누구나 욕망을 다 털어 버리면 거기에 극락세계가 금방 비치는 것입니다. 극락세계가 서천에만 있는 것이 아니라 우리 이 탐욕의 세계에 구름만 걷히면 처처處處가 극락세계지요.

욕망을 버리면 극락이 보인다고 하셨는데, 욕망을 버리기 전에는 스님께서도 욕망을 가진 적이 있으신지요?

　지금도 욕망투성이입니다. 그러나 그 욕망이 공空한 것을 알기 때문에 욕망에 빠져들지는 않습니다. 욕망을 척결하고 척결하고 자꾸 척결해서 시시각각으로 부처님 세계를 맛보려고 하지요. 그러나 잠깐이라도 욕망의 구름이 쓱 덮이면 또 매昧한 것이고, 다시 구름이 열리면 부처님 세계를 보게 됩니다. 필경 구름이 영원히 걷히도록 지금 노력하고 있습니다.

지구상에 있는 나라들 가운데 어떤 나라가 그래도 바람직하다고 생각하시나요?

　나는 문화의 기준을 물질이 풍요로운 데에 두고 보지 않습니다. 20세기 이 지구상에 문화국이 있다면 가장 첫째는 인도이고, 그다음에는 우리나라라고 생각합니다. 인도라는 나라는 참으로 사는 것이 가난합니다. 우리나라도 역시 가난합니다. 그러나 중요한 것은 그 인간이 사는 멋을 알고 사는 이치를 안다는 것입니다. 인도는 굶어 죽는 사람이 많습니다만, 그 죽음 앞에서 태연자약하게 눈빛이 빛나는 것을 보면 거기서 행복하게 사는 그 문화가 무엇인지 보입니다. 우리나라는 홍익인간弘益人間의 건국이념을 밑바

닥에 깔고 살면서 그래도 인간다운 생활을 한다고 봅니다.

　물질이 풍요한 나라들은 육체의 향락을 근본으로 삼아 살아가기 때문에 육체가 시들어버리면 모든 희망이 끊어져버려서 눈빛이 흐려지고 축 처져버립니다. 본시 인간의 행복이라는 것은 물질에 있는 것이 아닙니다. 우리가 풍요롭고 행복하게 산다는 것은 정신세계가 열렸느냐 닫혔느냐 그것에 기준을 둘 일이지 바깥으로 살펴서 행복의 기준을 삼는 것은 이치에 맞지 않습니다.

저마다 자기 목소리를 높이려고 애쓰는 세상입니다. 자기 일을 묵묵히 하기보다 자기 권리를 주장하고 조금도 손해 보려 하지 않습니다. 이런 세상에서는 어떻게 사는 것이 잘 사는 것인가, 도대체 잘 산다는 것은 무엇인가 하는 생각을 해보게 됩니다. 이런 세태에 대해 좋은 말씀을 부탁드립니다.

　부처님 말씀만 바로 찾으면 그보다 더 좋은 것이 없겠지요. 부처님께서는 누구에게나 본래 자기의 마음, 본래 부처의 마음이 있음을 일깨우셨습니다. 우리가 그것을 개발해야 되는데, 욕심에 가려서 자기 목소리를 높이고 자기 혼자 잘 살려고 하는 행위는 도리어 잘 사는 길을 막아 버립니다. 생각으로는 잘 살려고 하지만 잘못사는 구멍으로 들어가는 것입니다. 동쪽으로 가고자 하면서

서쪽으로 달아나는 것과 마찬가지 형상이지요. 진리에 순응하지 않고 거슬리고 사는 데에 모든 문제가 있습니다. 부처님은 언제나 반듯한 그 이치에 순응해서 살라고 하셨지 별스러운 무슨 방법을 제시한 적이 없습니다.

그 반듯한 이치라는 것이 막연한 느낌이 듭니다. 구체적으로 어떻게 하면 좋을까요?

깨달음을 이루신 후 부처님께서 설하신 최초의 가르침이 고집 멸도苦集滅道의 4성제에 대한 법문이었습니다. 중생들은 모두 괴롭다고 아우성칩니다. 그런데 그 괴로움이라는 것이 어디서 왔느냐? 제삼자가 던져 준 것이 아니라 자기 자신이 뿌린 씨앗이다, 조금도 제삼자의 간섭은 없다는 가르침입니다. 그런 줄을 알면 항상 자기를 반성하고 행복하게 살 수 있는 태도로 살아왔는지 돌아보아야 합니다. 탐진치 삼독에 가려져서 자기반성은 안 하고 모든 책임을 밖으로 전가하며 욕심을 부리고 높은 소리만 하니까 점점 그 삶이 불행해지는 것입니다. 자기를 반성할 때 참으로 더불어 살 수 있고, 남을 도와주고 내가 양보하는 것이 결국은 자기가 잘 사는 길입니다. 그것을 모르고 정반대의 행동을 하니 인생이 자꾸 어지러워지는 것입니다.

기복신앙에 대해 비판적인 생각을 갖고 있는 저도 법당 부처님 앞에 서게 되면 저도 모르게 "제 아이 잘되게 해 주세요." 이런 기도를 하게 됩니다. 그러면서 '이게 욕심인가? 이 정도는 부처님도 받아 주실 욕심이 아닌가?' 하는 갈등이 생깁니다. 아마 많은 불자들이 그런 갈등 속에서 기도할 것 같습니다. 그런 이들에게 한 말씀 해 주십시오.

'내 자식, 내 가정이 잘되게 해주시고 내가 복되게 살도록 해주세요.' 하는 것은 잘못된 일이 아닙니다. 기복祈福이라고 해서 무조건 천시할 것이 아닙니다. 개개의 가정이나 개개인에게 모여서 한 국가가 발전합니다. 자기 집이 어지럽고 자기가 불안하면 정신없어집니다. 우선 아들딸들이 잘 살아서 나한테 근심을 안 끼치고, 내 가정이 모두 원만하게 되고, 각각의 가정들이 모두 그렇게 되면 그에 따라서 자연히 국가가 번성하지 않겠습니까. 가족이 모여 국가가 되고 개인이 모여 가족이 되니, 개인이 선행적으로 잘 되게 해달라는 것은 진리이고 인지상정이고 잘못된 일이 아닙니다.

그러나 그것이 다만 기복에서 그치고 기복만을 목적으로 삼는 것은 아니어야 합니다. 보다 차원을 높여서 내 인생과 가족과 국가와 세계가 한 가족이 되는 차원 높은 행복, 그런 행복한 삶을 사는 정신을 더 써야겠지요.

물질을 추구하는 사회분위기 속에 살면서 점점 더 탐진치 속으로 빠져들고 있다는 느낌이 듭니다. 이러다 보면 아예 탐진치를 버리기가 어려울 것 같습니다. 어떻게 하면 좋을까요?

우리가 탐진치에서 벗어나려고 애쓰는 목적은 다 잘살기 위해서입니다. 지금의 문제는 잘 살려고 하면서 정 반대의 길을 걷는다는 것입니다. 내 개인 욕심만 부려서는 잘 살아지지가 않습니다. 이웃과 국가 전체를 폭넓게 보아야 합니다. 서로 양보하고 서로 도와주고 그렇게 하는 것이 결국은 자기 행복을 찾는 길입니다. 이웃이야 잘못되든 말든 혼자 욕심 따라 함부로 행하면 결과적으로 자기 인간성부터 파괴되고 불행해집니다. 남을 도와줄 때 그 인간성이 흐뭇해집니다. 그런 이유로 보시행布施行을 하고 남을 도와주라는 것입니다. 남을 돕는 것이 사실은 자기를 돕는 일이기 때문입니다.

이가 아파 밥 먹기가 불편하다고 해서 옆의 친구에게 내 밥 좀 먹어달라고 하면 그 밥으로 내 배가 불러집니까. 아무도 내 밥을 대신 먹어줄 수 없고 배불러지는 것은 밥을 먹은 사람일 뿐입니다. 잘 산다는 것도 마찬가지입니다. 자기가 스스로 진리를 찾아서 행할 때 잘 살아지는 것이지 욕심만 갖고 잘 살아지지는 않습니다.

잘못 사는 사람들을 보면 그 사람들이라고 해서 잘 살고 싶다는 생각이 없어서 잘못 사는 것이 아닙니다. 오히려 잘 살아보겠다는 생각이 너무나 가득 차서 옆도 뒤도 안 돌아보고 살기 때문에 더 잘못 살게 되고 파탄이 오게 됩니다. 넓고 길게 내다보지 않고 당장 잘 살아야겠다는 욕심만 갖고 잘 살아지는 게 아닙니다. 진리를 바로 봄으로써 자기도 행복되고 사회도 행복되는 길을 찾아야 합니다. 이웃과 상관없이 나 혼자라도 행복해지는 길이 있다면 그렇게 살면 되겠지만, 자기 혼자서 잘 살 수 있고 이웃은 못 살고 하는 그런 이치는 없습니다. 그런 인생은 자기 자신부터 괴롭게 만듭니다. 남을 도울 때 자기가 잘 살아지는 이치를 알아야 합니다.

모든 생명은 늙어가기 마련인데 그 당연한 것을 누구나 싫어합니다. 좀 더 많이 젊음을 누리는 방법은 없을까요?

나도 평생 젊었으면 좋기는 하겠습니다만, 그러나 조금만 생각해 보면 젊고 늙음이 다 상관없는 일이라는 걸 알 수 있습니다. 불생불멸하고 생사를 초월한다는 말이 나오지 않습니까. 늙은 사람이 새로 태어나면 새 옷 입고 어린애 되고, 어린애 옷이 점점 낡으면 늙어지게 되고, 사실은 나이가 많고 적음이 없는 것이지요.

우리가 고깃덩어리 이 껍데기 옷 가지고 젊었다 늙었다 이렇게 말하지만, 조금만 마음을 돌이켜 보면 그 자리는 늙고 병드는 그런 자리가 아닙니다. 그 자리는 도무지 때가 낄 수 없고 늙을 수도 없고 죽을 수도 없는 그런 자리지요. 더구나 이 육체는 아무리 가꾸고 위한다 하더라도 백 년 안쪽으로 넘어지게 돼 있으니 깨진 독에 물 퍼붓기에 불과합니다. 그런 육신을 기준으로 매달려서 안 될 일을 자꾸 하려고 하니까 불행한 삶이 됩니다.

늙고 병들고 하는 그것이 문제가 아니라 늙고 병들고 하는 그 마음 뿌리를 캐내야 합니다. 마음에 무슨 늙고 병드는 것이 있겠습니까. 돌이켜 보면 자기가 착각으로 일으키는 마음이지, 그 자리는 늙고 병드는 것이 본시 없습니다. 누구든지 각자가 다 그 자리를 갖고 있는데 공연히 바깥으로 허우적거리고 허깨비를 잡을 양으로 헤매느라 스스로 불행에 빠지게 됩니다.

마음 뿌리를 보기에는 너무나 많은 허깨비가 차곡차곡 쌓여 있어서 힘이 듭니다. 지름길이 없을까요?

마음 뿌리야 무슨 모양이 있겠습니까. 욕심을 내서 탐에 불이 붙고, 부화를 질러 진에 불이 붙고, 어리석어서 좋은 말은 안 듣고 치에 불이 붙었다 하더라도 그것을 돌이켜볼 수 있으면 됩니다. 그러면 그 불붙을 근거가 어디에도 없습니다. '응무소주應無所住 이생기심而生其心'이라 했습니다. 희로애락 마음이 일어나는 자취를 돌아보면 뿌리가 없습니다. 화가 나다가도 웃긴 것을 보면 픽 웃음이 나와버리고 말지요. 성이 나던 그 마음의 뿌리를 찾으면 어디에 있습니까. 없는 것을 자기 스스로 짓고 거기에 걸려 헤매는 것입니다. 그래서 불교는 '정신 차려라' '꿈을 깨라' 합니다.

욕심 부려서 행복해지는 게 아닙니다. 욕심 자체가 벌써 불행입니다. 욕심을 쉴 때 참으로 마음이 평온해지고 만족감이 옵니다. 사람이란 입이 모자라지 먹을 것이 모자라는 게 아니고 육체가 모자라지 옷이 모자라는 게 아닌데, 공연히 극단으로 자꾸 욕심을 부리니 매사가 점점 모자라게 됩니다. 눈앞의 욕심을 좇아 억지로 가지려고 하면 그것이 도리어 큰 재앙을 초래하고 결국은 복력福力이 달아나는 법입니다. 부처님께서는 이 진리를 깨우쳐 모두들 복되고 풍족하게 살라고 하십니다. 양보하고 남을 도울 때 참으로 복되게 잘 살 수 있다는 이치를 깨우치신 것이지 들어오는 것 다 집어던지고 가난뱅이로 사는 것이 좋다는 말씀은 아닙니다.

저처럼 어설프고 마음이 산란한 사람은 《금강경》 같은 경전을 읽다 보면 '모든 것이 부질없다는데 이런 것 다 뭘 하나' 하는 생각이 들고 오히려 의욕이 떨어질 때가 있습니다. 물론 제가 경전을 잘못 읽은 탓이겠지만, 그렇게 소극적이고 허무한 마음을 갖게 되는 사람들이 있는 것 같습니다.

욕심을 부려서 많은 것을 갖고 풍족하게 살려고 하면 그 결과가 정말 마음먹은 대로 그렇게 되던가요? 마음만 괴롭지요? 뜻하는 그대로 되지는 않고 괴로움만 하나 더 보태어집니다. 오히려 내가 땀 흘리고 노력한 만큼만 바란다면 우선 내 마음이 괴롭지 않고 평온을 얻게 됩니다. 그렇게 되면 설사 원하는 만큼 얻어지지 않아도 마음이 너그러워집니다.

마음이 어지러울 때 경전 좀 읽으면서 '독경을 하니까 금방 마음이 극락세계 같이 편하게 되겠지.' 하는 것도 탐심貪心입니다. 욕심으로 성불하는 것이 아닙니다. 그냥 차분하게 마음을 가라앉혀서 독경을 하면 자기도 모르는 사이에 안온한 희열의 세계가 나타나는 법입니다. 항상 자기를 반성하고 냉철한 지혜를 가져야 합니다.

부처님께서는 생명을 아끼고 미물도 사랑하라고 하셨는데, 최근에 환경문제가 심각한 사회문제로 되고 있습니다. 이 문제를 어떻게 바라보아야 할까요?

아무리 미물이라도 생명은 다 살고자 합니다. 모두를 살릴 때 내가 사는 이치가 있습니다. 우리가 병이 들어서 판단이 흐려지는 탓에 못 보고 있을 뿐입니다. 산업하는 궁극적인 이유는 물건을 많이 만들어 내는 것이 아니라 모든 생명체가 그 혜택을 입고 행복하게 살게 하기 위해서입니다. 그러니 물건을 만들어 낼 때는 생명에 피해가 가지 않도록 방지하는데 충분한 투자를 해야 합니다. 물건을 만드는 것이 중생을 이익하기 위해서인데 그 과정에서 많은 생명이 피해를 입는다면 오히려 역효과가 아니겠습니까. 갖가지 공해물질을 가마니로 담아서 바다에 버린다는 이야기도 들었습니다. 그런 것은 생산하는 근본을 망각한 행위입니다. 남이 안 본다고 생명을 해치는 물건을 바다에 버리는 행위를 하니, 이렇게 양심을 잃어버리기 때문에 개인의 삶이나 세상이나 다 어지러워지는 것입니다. 근시안으로 눈앞의 편리함만 생각하면 나중에 재앙이 오는 것은 보지 못합니다.

나를 잘 보기 위해서는 생활이 산만하면 안 될 것 같은데 요즘 도시생활을 하면서는 어쩔 수 없이 자꾸 산만해집니다. 책 한 권 읽을 시간도 제대로 마련하기 어렵다고들 합니다.

산만하고 어지러운 곳에서 불교를 활용하지 못한다면 불교는 아무 가치가 없습니다. 주위가 산만하고 어지러울수록 더욱 부처님의 교훈이 필요합니다. 어지러운 것이 없다면 부처님 뜻이 어디 사용될 데가 있겠습니까. 어지럽지 않고 본시 편안하면 무슨 부처님 말씀이 필요하겠습니까. 조용한 곳에서 따로 시간을 내어 독서를 많이 한다고 무슨 세계가 열리는 것이 아니라 산만한 바로 그때 그 마음을 돌이켜 보아야 합니다.

우리 마음은 항상 빛나고 있습니다. 어지러울 때일수록 정신을 차려야 합니다. 아무리 이 세상이 혼탁해도 정신 한 번만 돌이키면 거기에 청정무구한 그 자리가 열립니다. 무슨 책을 보고 허둥대고 바깥으로 찾아서 열리는 것이 아닙니다. 자기 마음 하나 탁 돌이키면 영원히 빛나는 경전, 모든 서적이 쏟아져 나오는 이치가 거기 있습니다. 부처님께서는 바로 그것을 깨우쳐 주셨습니다. 자기가 우주 전체를 산출해 냅니다. 그야말로 조물주가 바로 자기 자신입니다.

흔히 '백만 대군을 이기는 것보다도 자신을 이기는 것이 참 승리'라는 말을 합니다. 말은 쉽지만 나를 이긴다는 것은 정말 힘든 일입니다. 어떻게 하면 나를 이길 수 있을까요?

본시 '나'라는 존재는 비어 있습니다. 그 자리는 때 끼지 않는 자리로, 본래 밝은 그 자리는 누구든지 각자 갖고 있습니다. 그래서 부처님께서는 중생이나 부처나 차별이 없다고 하셨습니다. 조금만 돌이키면 됩니다. 멀리 있는 것이 아닙니다. 내가 있어야 이기고 지고 하는데, 알고 보면 사실 자기를 이길 무엇도 없고 패망할 무엇도 없습니다. 스스로 마음에서 만들어놓고 그것을 쳐부순다고 하는 것입니다. 한 생각 돌이키면 무엇이 있겠습니까. 허공에 구름이 일어나는 것도 그 어떤 뿌리가 있어 일어나는 게 아닌 것처럼, 우리 마음에 일어나는 모든 희로애락이 허무한 그림자인데 그림자에 따라가서 칼부림이 일어나고 울고불고하는 것입니다. 한 생각 돌리면 허허 웃을 수 있는 세계가 금방 열립니다.

끝으로 특별히 좋은 말씀 부탁드립니다.

부처님이나 조사 어른들이 이미 좋은 말씀 다 하셨으니 특별히 좋은 말씀이라 할 것이 없습니다만 부처님 말씀을 흉내 내서 하자면 이렇습니다. 우선은 모든 괴로움을 자기가 맡겠다는 태도로 남을 도와줄 수 있는 생활을 살아야겠습니다. 촛불이 자기 자신을 태워서 밤을 밝히고 주위를 밝히듯이 자기희생 없이는 남을 도와줄 수 없습니다. 남을 돕는 생활은 결국 자기 자신에게 회향이 되어 돌아오게 되어 있습니다. 욕심에 가득차서 자기 본위로

萬古光明

北溪山重興寺

西庵

살면 도리어 불행이 옵니다. 그래서 부처님께서는 남을 도와주는 것이 자기를 도와주는 것이라 했습니다. 도와줄 수 있는 그 마음이 얼마나 흐뭇하고 편안합니까. 남을 해치면 물질적으로 이익이 될지 모르나 두고두고 양심의 가책으로 편안하지 않고 괴롭습니다. 천하를 다 속일 수 있다 해도 자기 마음은 속일 수 없는 법입니다.

부처님 말씀은 무슨 말씀이든지 그대로 따라 행동하면 그 하나하나에서 진리를 느낄 수 있습니다. 부처님 말씀 한마디만 명심해 지킨다면 그 사람은 행복하게 사는 사람이 됩니다. 남을 위해 사는 삶, 그것이 보살행이고 육도만행六度滿行의 근본이고 지옥을 벗어나는 등불입니다.

밝은 세상을 위하여

희양산 봉암사는 신라 구산선문九山禪門 중의 하나로 선禪 문화를 꽃피웠던 도량입니다. 백두산에서 시작하여 금강산, 태백산으로 뻗어가던 산맥의 흐름이 소백산, 사불산, 주흘산 문경새재를 통해서 여기 돌덩어리 하나로 우뚝 솟은 것이 희양산입니다. 이 희양산에서 다시 한 자락은 청화산, 속리산, 계룡산으로 흘러나가고 다른 한 가닥은 덕유산, 지리산으로 뻗어나가니 큰 산맥의 중간에 위치하고 있다 하겠습니다.

산중에 들어앉아 있어서 세상 첨단에 둔하다 하지만, 그래도 한 국가에 살다 보니 여러 가지 사회 풍조를 느끼게 됩니다. 오늘날 우리나라를 가만히 살펴보면 서양의 풍조가 홍수같이 밀려와서 5천년 역사를 자랑하던 동방예의지국의 이 나라 문화가 빛을 발하지 못하고 있습니다. 국민과 정치인 사이에 신뢰가 희박해지고 사회·정치·경제 모든 면에 험한 파도가 일어나고 있으니 장래를 우려하지 않을 수 없습니다.

모든 사회인은 공동체의 한 사람이지 개개인으로 존재하는 게 아닙니다. 공동체가 잘 살아야 개개인도 잘 살게 됩니다. 임진왜란 때나 일제치하의 역사 상황만 생각해봐도 그렇습니다. 그런 상황에 어느 누가 잘하고 잘못하고가 있습니까. 나라가 송두리째 빼앗긴 속에서 무슨 시시비비가 있습니까. 우리 살아가는 모습은 같은 배를 타고 파도치는 바다를 건너가는 형국입니다. 그 배 안에서 오순도순 의좋게 살아야 배가 순조로이 바다를 건넙니다. 조각배 위에서 내가 옳으니 네가 옳으니 시비하다 보면 승자도 패자도 없이 다 망해버립니다. 김좌진 장군이나 김구 선생 같은 독립투사들이 국외에서 독립운동을 할 때 국내의 재산가들이 집안 재산까지 다 팔아서 독립자금을 댔던 것을 보면, 다 그런 정신들이 뭉쳐서 나라를 되찾은 것입니다.

요즘에는 이웃이야 굶어 죽든 말든 개의치 않고 비싼 물자를 허비하며 몇 푼어치 안 되는 몸뚱이를 치장하느라 매달리는데, 그렇게 좀 호의호식한다고 인생에 무슨 보탬이 되겠습니까. 백년 인생에 급급해하다가 몸뚱이 무너지면 내일이 없어지는 그런 인생이 아니라 전 인류가 함께 영원히 행복하게 사는 방향에 눈을 떠야 합니다. 물자가 풍부하다고 해서 인류가 행복해지지는 않습니다. 정신세계를 개발하여 근본으로 돌아가는 문명에 들어선다면 인류가 함께 잘 살아가는 문이 활짝 열리게 됩니다. 남의 담을 뛰어넘고 남의 생명 해치면서 나만 잘 되려고 하는 병든 정신이 고쳐져야 합니다. 박사라느니 무슨 학자라느니 하여 많이 아는 것이 중한 것도 아닙니다. 오히려 그 많이 아는 것을 다 버릴 줄 아는 사람이 가장 많이 아는 사람이고, 재물을 많이 갖고 있는 사람이 부자가 아니라 모든 재물을 다 털어버리는 사람이 가장 부자입니다. 남을 등지는 것이 용기가 아니라 남한테 져 주는 것이 참 용기입니다.

맑은 아침 고요히 앉아서 자기 인생을 살펴보면 일체의 사량분별이 다 끊어집니다. 상념과 일체 이론이 끊어진 자리에서 참말로 시간과 공간을 초월하여 불생불멸하는 자기를 만날 수 있습니다. 우리는 그런 자기를 찾을 수 있도록 노력해야 합니다. 눈만 뜨면 24시간 동서남북을 헤매는 어지러운 세계에서 탈피하고, 일어나는 모든 생각을 조용히 근본 바탕의 핵심으로 돌려서 진정한 자기와 한 번 만나보아야 합니다.

백년 인생을 헤매는 인간이 아닌, 불생불멸하는 영원한 자기를 보아야 합니다. 남이 밥 먹으니까 내 입에 밥 떠 넣고, 남이 옷 입으니까 내 몸뚱이 가리고, 언제나 남 하는 대로 흉내만 내면서 살아가기를 멈추고 자기가 하루하루 어느 위치에서 어떻게 살고 있는지를 생각해 보기 바랍니다. 누가 부아 지르면 부아 내고, 누가 칭찬하면 웃고, 마치 바람에 나부끼는 한 폭의 깃대처럼 주위 환경이 자기를 지배하고 있다면 그 인생은 자기가 사는 것이 아닙니다.

참다운 인생은 불생불멸입니다. 생명만 불생불멸이 아니라 물한 방울, 먼지 하나도 불생불멸입니다. 우리는 내 눈앞에 안 보이게 되면 없어졌다고 생각하지만, 사실은 모양이 바뀌거나 위치만 바뀌었을 뿐 없어진 것이 아닙니다. 물방울은 수증기로 변해서 안개나 구름이 되어 있으니 어디로 달아난 것이 아니고, 먼지는 그 위치만 바꾸어서 이합집산으로 무한한 공간에 떠돌아다닙니다. 물 한 방울 먼지 한 톨도 사라지지 않는데, 꼬집으면 아픈 줄 알고 부르면 대답할 줄 알고 칭찬하면 좋아할 줄 알고 비방하면 성낼 줄 아는 이 분명한 주인공이 어떻게 없어지겠습니까.

우리는 영원한 생명을 갖고 있으면서도 코앞의 백년 인생에 취하고 육신의 형상에 취해서 캄캄한 인생을 살고 있습니다. 조금도 옆을 돌아보지 못하고, 가진 사람은 점점 더 가지려 하고 가난한 사람은 점점 살기 어려워지니 답답한 일입니다. 알고 보면 베푼다는 것은 남을 위해서라기보다 자기 자신을 위한 일입니다. 자기에게 많은 재산이 모이도록 하는 것은 오히려 큰 폭탄이 되고 맙니다. 모든 인류가 내 동포, 내 형제, 내 식구라고 생각할 때에 비로소 자기 인생이 행복해지는 것입니다.

껍데기만 본다면 오늘날 이 세계는 더없이 아름다운 세상입니다. 전 세계를 지구촌이라 부를 만큼 몇 시간 안에 이 나라 저 나라를 날아다니는 살기 좋은 시절입니다. 하지만 마음은 오히려 인정미가 없어지고 훈훈한 맛이 사라져 서로 담을 쌓고 지냅니다.

남이 내 것을 훔쳐갈까 두려워하고, 남의 것을 훔쳐가며 피해를 주고, 그 마음들이 참으로 가난합니다. 옛날에는 끼니 걱정을 할지언정 이웃 사람을 만나면 반가워하고 서로 동정하고 항상 협조하는 정신이 몸에 배어있었는데, 오늘날은 충분히 많이 가지고도 항상 갈증을 느끼고 부족해할 뿐만 아니라 서로 더 가지려고 다투며 친구지간이나 사제지간이나 부모자식 사이에마저도 배척하는 현상이 나타나고 있습니다.

진리의 흐름은 역행하는 법이 없습니다. 우리는 그 영원한 진리에 눈을 떠야 합니다. 관능적인 욕망에 사로잡혀서 근본을 망각해버리면 점점 살풍경이 더하고, 인간성은 없어지고, 원자폭탄의 녹색 구름에 다 같이 타서 사라지는 결과가 오지 않는다고 누가 보장하겠습니까. 인간의 정신세계가 황폐해가는 것보다 더 무서운 것은 없습니다. 한 두 끼는 굶어도 물마시고 공기 마시고 나무뿌리만 캐 먹어도 살 수 있습니다. 하지만 마음이 가난하면 잔뜩 쌓아놓고서도 만족을 얻지 못하고 칼부림이 일어납니다. 세상의 바른 이치란 그리 어려운 것은 아닙니다. 봄이 되면 잎이 나고, 여름에 무성해지고, 가을에 열매 맺고, 겨울에는 낙엽이 우수수 떨어지는 그 모두가 진실을 나타내는 이치입니다.

그런데 우리가 보는 세상은 진리가 못 되는 것이 참 많습니다. 내가 오늘 아무리 잘해도 재앙을 겪을 수 있고, 내가 비록 못해도 무사히 빠져나가는 이치가 있습니다. 그것은 다생을 통해 보지 못하기 때문입니다. 얼핏 보면 뭔가 잘못됐지만 과거 전생을 통해서 볼 때에는 다 까닭이 있습니다. 금생과 전생의 자기 잘못이 꼬리에 꼬리를 물고 계속 흘러가고 있는 것입니다. 이러한 점을 착안하는 안목을 가져야 평안을 얻을 수 있습니다. 눈앞의 경우만 가지고 따지면 끝이 없습니다. 항상 투쟁세계밖에 안 됩니다. 그래서 부처님께서는 '무조건 져라' '내 부모를 해친 사람이라도 원수로 대하지 말고 사랑으로 대하라'고 하셨습니다. 부처님이 이치를 몰라서 그렇게 말씀하신 것이 아닙니다. 그것이 나도 살고 남도 사는 길이기 때문입니다. 남이 내 비위에 안 맞는다고 칼을 휘둘러 부수고 모략한다 해서 자기 인생이 향상되는 것이 아닙니다. 절대 그런 이치는 없습니다.

불교의 근본 가르침을 이해한다면 모든 것을 자기가 책임질 줄 아는 자세가 됩니다. 자기의 잘못을 반성하고 참회하고 앞으로 더욱 정진하고 노력하는 데에 자기 인생을 향상시키는 길이 있습니다. 어떤 기적이나 제삼자의 간섭으로 되는 것이 아닙니다. 남의 잘못을 용서하고 이해하고 충고하고 서로 협조하고 받드는 데서 좋은 결과가 나옵니다. 남을 시기하고 미워하고 질투하고 적대시하는 데서는 좋은 결과가 오지 않습니다. 그것이 인과응보입니다.

마찰 없이 서로 양보하고 협조할수록 모든 일의 형편이 트입니다. 물질적 형편도 좋아지고 더 나아가 인간성이 아름다워집니다.

남을 용서하면 인간성은 더욱 너그러워집니다. 그렇게 사람이 순화되면 지혜가 생기고, 생활이 궁핍한 속에서도 인생의 기쁨을 얻을 수 있습니다. 이러한 풍조 없이 그저 육체의 노예가 되어 이 고깃덩어리 하나 편안하게 살고 남보다 더 잘사는데 비중을 두어 남을 도울 줄 모르고 이해할 줄 모르고 용서할 줄 모른다면, 결과적으로는 점점 파탄이 오고 피차간 서로 멀어지는 결과를 초래하게 됩니다.

항상 이해하고 용서하고 받드는 데서 어려움이 극복되고 좋은 일이 생기는 법입니다. '자비무적慈悲無敵' 자비로운 이에게는 적이 없다고 했습니다. 부처님의 자비는 대가를 구하지 않는 자비입니다. 매사를 '어버이가 자식 생각하는 마음 같고, 부처님이 중생을 생각하는 마음 같고, 스승이 제자를 사랑하는 마음 같고, 임금이 백성을 사랑하는 마음같이' 하라고 했습니다. 오늘날의 인간관계는 이해와 타산, 어떤 목적 달성을 위한 수단에 가려져 있어서 사회 풍조가 점점 더 어지러워지는 것입니다. 한결같이 대가를 구하지 않는 아름다운 풍토가 이어져나갈 때 그 속에 우리가 살아가는 길이 있습니다. 오늘날은 이 정신이 그 어느 때보다 아쉬운 시대입니다.

그러하나 우리가 이제 이런 점을 많이 경험하며 각성하였고 요즘 젊은이들은 열심히 공부하여 그 지혜가 자꾸 상승하고 있기 때문에 장래에는 우리 국가가 크게 밝아올 줄 압니다. 물에 빠져도 정신만 차리면 살고 호랑이한테 물려가도 정신만 차리면 산다는 속담이 있듯이, 이제라도 우리가 정신을 차려 차분하게 여러 병폐들을 살펴보아야겠습니다. 남북의 교류도 당파나 이해관계나 타산 심리로 하는 것이 아니라 우리 민족이 참으로 따뜻한 악수를 나누는 분위기를 조성하는 것이 중요합니다. 각자 자기가 할 수 있는 일을 통해서 서서히 뭉쳐 서로 단결하는 방향으로 가야 합니다. 자칫 영웅 심리로 겉돌게 되면 혼란만 초래하게 됩니다.

오늘날 사회 민중에게 부탁드리고 싶은 말이 있습니다. 어버이는 아무런 대가 없이도 따뜻한 희생을 하십니다. 부모는 자신이 죽는 찰나까지도 자식의 장래를 위하는 끝없는 자비심을 갖습니다. 부처님이 일체중생에게 끝없이 베푸는 관음 자비, 선생님이 제자를 위대한 인물로 양성하겠다는 노파심의 사랑, 정치인이 자기 나라 백성을 잘살게 하기 위해 밤잠 자지 않고 동분서주 뛰어다니는 뼈를 깎는 노력들, 그리고 우리나라 국민이 다 서로 협조하고 충고하고 잘못되면 넘어질까 붙들어주는 그런 기풍이 이 나라를 밝게 하는 원동력이 되리라 봅니다.

세상을 밝히는 지혜의 등불

세상 사람들 모두가 불교 속에 살면서도 불교를 다른 데 가서 찾고 있습니다. 소를 타고 소를 찾는 것처럼 불교 속에 살면서 불교를 따로 구하니 자꾸 어려워지기만 합니다. 불교같이 알아듣기 쉬운 것이 없습니다. 쉬운 길을 피해 놓고 가시덤불 험한 길로 들어가는 그것이 문제입니다. 평탄한 길을 옆에 두고 일부러 험한 길을 찾아들어가니까 옷도 찢어지고 살도 긁히고 종일 가야 얼마 못 갑니다. 그러니까 세계가 자꾸 어지러워집니다.

부처님 가르침이 빛나고 알아질 때에는 세상이 다 순탄합니다. 거기에 별스러운 길이 있는 게 아닙니다. 우리가 스스로 좋은 길을 버리고 가시밭길로 들어가는 탓에, 소를 타고 소를 찾듯 부처가 부처를 찾고 있기 때문에 어려울 뿐입니다. 자기가 가장 영리한 부처를 가지고 있는데 그 밝은 자기 등불을 버리고 바깥의 허황된 껍데기를 잡으려 하니 큰 고통을 겪게 됩니다. 눈만 바로 뜨면 바로 눈앞에 모든 길이 열려 있습니다. 본시 있는 자기 발견하는 것이 뭐가 그리 어렵겠습니까. 자기를 포기해 버리고 뚱딴지같이 바깥에서 헤매는 데에서 문제가 생기는 것입니다. 한 생각 돌이키면 누구나 부자입니다. 돈을 잔뜩 끌어 모아야 부자가 아닙니다. 아무리 많이 모아도 부족함을 느낀다면 그는 가난뱅이입니다. 행복하게 살 수 있게 해주는 보배가 자기한테 있는데 허깨비 구하듯 다른 무엇을 구하려 하니 병폐는 그런 데에 붙습니다.

부처님 가르침이란 것은 이렇게 정신 빠져 헤매는 사람을 깨우쳐 주는 그것 하나밖에 없습니다. 부처님은 본래 있는 자기 보배를 찾으라고 일깨워 주십니다. 그대는 그대 부처이고 나는 내 부처입니다. 그렇게 간단한 것입니다. 자기가 항상 갖고 있는 보배가 있는데 어디 가서 손을 뻗치겠습니까. 자기가 자기를 구하는 길밖에는 없습니다. 부처님은 그것을 가르치셨습니다. 부처님께 기도하고 향 꽂고 절하는 것도 자기 인생을 발견하자는 것이지 부처님한테 무슨 배급 타려고 기도하는 게 아닙니다. 우리가 항상 욕심세계에 살고 있으니 어쨌든 무어라도 해야 할 것 같아서 불상 갖다 놓고 절하는 것이지 사실 자기가 부처인데 누구한테 절을 하겠습니까. 우리가 부처님께 절하는 것은 결국 자기한테 절하는 것입니다. 이것을 분명히 알고 절하셔야 합니다. 부처님이 절 많이 했다고 좋아서 복 주고 절 안 한 사람 괘씸하게 여기는 게 아닙니다. 우리는 모두 자기 부처에게 절을 하는 것입니다.

이러한 가르침을 바로 안다면 천지 우주가 다 법당이고, 천지 우주가 다 부처님 품 안이고, 천지 우주가 바로 자기입니다. 자기 밖에 우주가 없습니다. 자기라는 핵심 하나 걷어치우면 우주는 빈 껍데기입니다. 그 위대한 자기를 가지고도 모르니 모든 문제가 일어납니다. 불교가 바로 서면 세계가 바로 섭니다. 다스리지 않아도 어지럽지 않습니다. 스스로 완전히 갖추어졌는데 다스린다는 소리가 어디에 필요하겠습니까.

그런데 현실에서 실제로 행동을 해보면 다생에 습관이 되어서 이런 이치가 퍼뜩 들어오지를 않습니다. 들을 때는 그럴듯해도 행동할 때는 금방 잊어버리지요. 마치 술이나 담배에 중독된 사람 같습니다. 하지만 날 때부터 술과 담배에 중독된 사람은 없습니다. 자꾸 행하다 보니 중독이 되어버린 것인데, 용기 있는 사람은 대번에 끊어버립니다. 술 먹는 게 해롭다 하면 그날부터 술 안 먹고, 담배 피우는 게 해롭다 하면 그 자리에서 끊어버립니다. 꼭 어느 정도 긴 시간을 닦아야만 되는 것이 아닙니다. 반면에 몇 달 끊었다가 다시 하기를 반복하면서 평생 못 끊는 사람도 있습니다. 거기 무슨 법이 정해진 게 아닙니다. 끊고 못 끊는 법이 따로 있지를 않습니다. 모두 자신에게 있는 것입니다. 눈에 보이지 않는 자기 결단 하나 가지고 하루아침에 끊을 수도 있고 평생에 끊지 못할 수도 있습니다.

담배에 중독되듯이 술에 중독되듯이 과거의 습기習氣에 자기도 모르게 중독되어 있어서, 이 쉬운 법을 들어도 안개 낀 날처럼 그럴듯하기도 하고 안 그런 것 같기도 하고 알쏭달쏭합니다. 부처님 세계는 한 귀로 듣고 자기 행동은 자기 습관대로 굳어져 있습니다. 용기 있는 사람은 대번 털어버리지만, 그 용기가 안 났을 때 자꾸 정신 차려 가다듬고 한 번 듣고 두 번 듣고 행동에 옮겨보는 그런 것을 공부한다고 하고 정진한다고 말합니다. 알고 보면 노력할 필요가 따로 있는 것이 아닌데도, 그래서 또 노력할 필요가 있게 됩니다.

그러나 본시 그 자리는 형단이 없기 때문에 꿈만 깨버리면 그만입니다. 간단한 이 법만 천하가 안다면 그대로 불국토요 정토세계입니다. 그런데 세상 사람들은 그 쉬운 길을 옆에 두고 자꾸 가시밭길로 갑니다. 잘못된 길을 가자고 하면 모두들 왜 그리 잘 따라가고, 좋은 길을 가자고 하면 어찌 고개 젓고 모른다 하는지, 중생이란 것이 참 묘합니다. 아무것도 없는 데서 평지풍파를 일으킵니다. 중생이 모두 그렇습니다. 자업자득, 자기가 지어 자기가 받습니다.

그래서 문제는 간단한데 자기 힘에 따라서 자기가 어떤 방법으로 지혜롭게 개척하느냐 이런 문제가 하나 남습니다. 그것도 사실 정한 것은 없지만 거기에 또 여러 가지 이야기를 안 할 수도 없지요. 이것을 방편설方便說이라 합니다. 가령 말하자면 망상이 많은 사람이 있습니다. 지나간 이야기나 미래에 닥쳐올 온갖 생각이 다른 사람보다 더 많이 죽 끓듯 하는데 그걸 어떻게 해야 없앨 수 있느냐고 합니다. 용기 있는 사람은 대번에 되지만 안 되는 사람은 잘 안되니까요. 그냥 무조건 망상을 제하려고 하면 점점 더 불꽃이 일어나기만 합니다. 그럴 때 '이 뭣고?' 하고 생각을 딱 돌이킨다든지 '지금 망상하는 이 주인이 무엇이냐?' 의심을 하면 망상들이 흔적 없이 사라져버립니다. 이것이 공부하는 방법입니다.

그런 방법으로 천칠백 공안이 있고 팔만사천 방법이 있는데, 꼭 어느 방법이 옳고 어느 방법이 그르다 그런 것은 없습니다. 이처럼 모르는 사람을 위해서 팔만사천 가지 잔소리가 나온 것입니다. 부처님의 모든 법문이 중생들의 팔만사천 번뇌 망상 때문에, 중생의 마음을 지도하기 위해 있습니다. 내가 한 마음도 갖지 않으면 부처님 팔만사천 법문을 쓸 자리가 없습니다. 병이 하나도 없는 사람은 팔만사천 법문을 들을 필요도 없지요. 그런 사람에게는 팔만사천 경전이 코를 닦는 휴지도 안 됩니다.

누구든지 다 이해할 수 있는 쉬운 길이 잘 안 되는 이유는 과거의 업력業力 때문입니다. 그 업력이란 것도 본래 근거는 없는 것이지만, 일단 한 번 생기고 나면 업력을 녹이는 노력을 안 할 수는 없습니다. 한번 담배에 인이 박힌 사람에게는 담배가 천하 무엇보다 중요해져서 밥 한 끼는 굶어도 담배는 피워야겠다고 합니다. 누가 그렇게 만든 게 아니고 무슨 그런 법이 정해진 것도 아닌데, 허무하게 없는 것을 자기가 만든 것이지요. 그와 같이 모든 업은 자기가 스스로 만들어 놓은 것임을 알고 지혜롭게 그 업을 녹

일 수 있는 방법을 배워야 합니다. 염불하고 주력하고 참선하고 기도하면서 부처님께 무릎 꿇어 자꾸 절하는 것이 전부 다 근본에 들어가는 방법이지 그 자체에 법이 있는 것은 아닙니다.

절집을 짓고 하는 것도 그런 정신을 펼치고자 필요할 뿐입니다. 처음 우리나라에 불법이 들어온 것도 눈 밝은 스님 한 분이 와서 불교를 펼친 것이 시작입니다. 처음부터 절을 짊어지고 온 것이 아닙니다. 정신세계를 펴자니 절이 필요했던 것인데 오히려 그 절에 애착을 갖고 파벌이 생기니 모두 어지러워지게 됐습니다. 하지만 그런 것이야 문화가 변해간 것이지 불교가 변한 것은 아닙니다. 어디 금단청한 법당에 불교가 있겠습니까. 아무리 단청을 잘하고 장식을 잘해 놓았다 해도 거기 사는 사람이 정신을 잃어버리면 그곳은 빈 절입니다. 논둑길 밑에 앉아있어도 부처님 사상이 무엇인지 알고 부처님 사상을 따라 행동하고 부처님 사상을 이웃에 전하고자 한다면, 불법이 거기에 살아 있고 거기가 법당인 것입니다. 여기에 불교의 위대함이 있습니다. 형식을 쫓아다니는 것이 불교라면 그 불교에서 얻을 것이 무엇입니까.

엉뚱한 데서 엎어지고 자빠지고, 제 것을 빼앗길까봐 칼부림이나 일으키고, 남의 담을 뛰어넘고 남의 생명을 끊는 것이 중생심입니다. 중생세계는 이처럼 물질에 애착하고 형식에 머물지만 그런 중생세계를 뛰어넘는 것이 부처님 세계입니다. 이제 진정한 불법의 등불을 켜야겠습니다. 부처님 사상을 바로 찾아야 세계 인류를 구제하는 길이 열린다는 원력을 세웁시다. 우리가 자랑할 것이 무엇입니까. 발가벗고 살더라도 거침없는 정신, 재산과 권력에 굴하지 않는 철저한 정신 하나 빛날 때 이 사회가 밝아집니다. 불교가 바로 서면 다스리지 않아도 어지럽지 않게 되고(不治不亂) 교화하지 않아도 저절로 감화됩니다(無爲自化). 이 정신이 살아야 나라가 발전합니다. 이런 일을 하는 역군이 됩시다. 물론 하루아침에 되는 일은 아니더라도 자꾸 노력하면 얼마 안 가서 참으로 무너지지 않는 법당, 무너지지 않는 불교, 무너지지 않는 인간 생명을 더욱 빛나게 세울 수 있을 것입니다.

욕심을 버리고 진리에 순응하는 삶

아도화상 한 분이 신라 불교에 불을 붙여서 1600년 지난 오늘날까지 우리나라 불교가 빛나고 있습니다. 지금 이 방안을 보니 그처럼 보살 화현인 듯한 분들이 가득합니다. 이렇게 부처님 세계에 들어온 사람이 다 스님입니다. 머리 깎고 먹물 옷 입어야 스님인 것이 아닙니다. 뼈 빠지게 노력해서 법당을 만들고 누가 밀어내도 중심 갖고 다시 서는 이것이 불교이며, 그 사람이 바로 부처님 제자입니다. 부처님께서 가족, 권력, 재산, 보장된 안락함을 다 집어 던지고 거지가 되어 피골이 상접하도록 공부한 이유는 진리에 들어가고자 함이었습니다. 부처님은 모든 것 다 버리고 세상에서 가장 복스러운 거지가 되었지요. '클 거ㅌ', '지혜 지䀈', 지혜가 밝은 사람이 참말 거지입니다.

말이 나왔으니 거지 이야기 하나 하겠습니다. 옛날에 어떤 거지 부자가 길을 가다가 큰 부잣집에 불이 난 것을 보았습니다. 온갖 보배와 귀중한 살림살이가 잔뜩 쌓여 있던 고방에 불이 붙으니까 식구들이 마당에 나와 발을 동동 구르며 울고불고 야단들이 었습니다. 그 모습을 바라보던 거지 아버지가 아들보고 말했습니다. "야 이놈아, 너는 애비 잘 둔 줄 알아라. 내가 만약 잘 살았다면 저렇게 되었을 것 아니냐. 나는 아무것도 안 가졌으니 저런 걱정이 없지 않느냐. 애비 잘 둔 줄 알아라." 그야말로 정말 거지巨智가 아닙니까.

이까짓 언제나 버릴 수 있는 물질에 애착하지 않고 영원한 살림살이, 눈에 보이지 않는 재산을 쌓는 그 사람이 거지입니다. 그 사람은 아무것 없더라도 굶어 죽지 않습니다. 이치대로 살면, 입이 모자라지 먹을 것 모자라는 일 없고 고깃덩이가 모자라지 걸칠 것 모자라는 일이 없습니다. 인간을 나태하게 하는 독약이 재산입니다. 몇 푼어치 안 되는 재산 때문에 인간이 나태해지고, 윤리 도덕이 무너지고, 세상이 험악해집니다. 세계 제일 갑부라도 자기 재산 있고 자기 재산 아닌 것이 있으니 자기 재산이라는 한계에 부딪쳐서 더 보탤 욕심이 끝이 안 나지만, 큰 지혜를 가진 이에게는 천하가 다 자기 것입니다.

물론 있는 재산을 일부러 집어던지고 거지가 될 필요는 없지요. 그 재산을 안 가진 폭 잡고, 우주의 재산이며 천하의 재산이라는 정신으로 빛나게 쓰며 살아갈 때 그 사람이 참말 거지입니다. 얻어먹는 사람을 일러 거지라 하지만 참말 거지는 정신세계에서는 큰 갑부입니다. 천하를 다 거머쥔 사람이 진짜 거지이고 그런 분이 부처님입니다. 빈주먹 쥐고 살아도 자기가 살 만큼은 살아집니다. 욕심을 부림으로 해서 오히려 자기 앞길을 스스로 막아 버립니다.

세상 일이 욕심으로 되지를 않습니다. 6·25 때 어느 곳에서 토굴 하나 짓고 지낸 적이 있었는데 하루는 그 지방에서 지리를 잘 본다는 사람이 나를 찾아와서 "아이고, 스님 참 지리에 밝습니다. 좋은 자리를 하나만 더 잡아주십시오." 하고 매달리는 것이었습니다. 내가 무슨 터를 알겠느냐고 반문하니까 그 사람 말이 이랬습니다. "내가 이 마을에서 여러 해 살았는데도 이렇게 좋은 터를 발견하지 못했는데 스님은 잠깐 와보고도 이 명당을 차지하지 않았습니까." 나는 그저 뒤로 아늑하게 바람 막아지고 그 옆에 물이 있고 동네 멀지 않은 자리다 싶어서 집 지은 것뿐이었습니다. 집이라고 해야 비 안 새고 바람 막을 정도로 가려놓은 것을 두고 거기가 명당이라며 그런 터를 하나 더 잡아달라니 참 답답했지요. 그래서 '길인吉人이 사는 곳이 그대로 명당이고 복을 지은 사람은 길지吉地를 만난다'고 큰소리를 한번 쳐봤습니다. 그렇게 저절로 되는 도리가 있습니다. 세상을 전부 거꾸로 살고 이치를 거꾸로 보고 있기 때문에 매사가 힘이 듭니다.

옛날 어떤 사람이 전해 내려오는 비결을 듣고 자기 사는 근처에 명당 하나가 있다는 사실을 알고 있었습니다. 자기도 제법 지리에 밝아 어디 근처라는 정도는 알 수 있었지만 용이 천 리를 지나가는 중에 사람 하나 누울 자리가 명당이라고 하니 그 혈을 정확히 잡는다는 게 쉬운 일은 아니었습니다. 마침 지리에 밝은 명사가 근처를 지나간다는 말을 듣고 그 사람을 찾아가서 붙들었습니다. 이 근처에 명당이 있는 줄을 아는데 정확한 자리를 좀 잡아 달라고 간곡히 부탁을 해서 우여곡절 끝에 명당을 찾아 표시를 하게 됐습니다. 그런데 그때 마침 한 총각이 관을 메고 와서 바로 그 자리를 파기 시작했습니다. 그가 깜짝 놀라서 물었습니다. "자네 이 자리를 누가 잡아 주었는가?"

"누가 잡아준 것 아닌데요."

"그럼 어찌 알고 이 자리를 파는 것이오?"

"내가 산에 나무를 하러 다니면서 보니까 여기가 항상 눈이 가장 빨리 녹기에 이 자리가 따뜻한 자리다 싶었지요. 우리 어머니가 유복자인 저를 낳아 기르느라고 평생 헐벗고 못 살았는데 돌아가신 뒤에라도 따뜻한 자리에 모셔야겠다 싶어서 이 자리를 잡았습니다."

그런데 명당이라는 것은 그냥 앉히기만 한다고 좋은 것이 아니라 터를 쓰는 시간이나 격식이 다 잘 맞아야 된다고 합니다. 그 자리는 오시午時에 금으로 만든 관을 쓰고 악대가 모여 풍악을 울리는 조건이 구비되어야 효험이 있는 자리였습니다. 아무것도 모르고 가난한 무지렁이 청년이 그런 조건을 다 갖출 리가 없으니 터 하나만 버렸구나 싶었지요. 그런데 총각은 땅을 다 파놓고서

송장을 묻지 않고 무언가를 기다리는 것이었습니다. 왜 시신을 묻지 않느냐고 물으니 햇볕이 따뜻하게 들 때 묻겠다고 했습니다. 그때쯤이면 오시가 될 테니 신기하기는 했지만 금으로 된 관을 써야 하는데 어떡하나 싶어 지켜보자니까 시신이 금처럼 노란 보릿짚에 쌓여 있는 것이었습니다. 그리고 조금 있으니까 아이들과 동네 나무꾼들이 저희 동무의 어머니가 돌아가셨다고 그 골짜기로 모여들기 시작하는데 지게 작대기를 두드리며 흥얼흥얼 웅성웅성 콧노래를 부르는 모양이 그대로 악대였습니다. 희한하게 잘되는가 싶었지만 한 가지, 파놓은 무덤 자리의 방위가 틀어져 있었습니다. 그런데 오시가 되어 시신을 집어넣는데 구덩이의 길이가 짧아서 모퉁이 방향으로 시신을 조금 돌려 앉히게 되니 틀어졌던 그 방위가 맞아 들어가는 게 아닙니까.

임자가 되면 모든 일이 저절로 맞아 들어간다는 소리입니다. 세상 사람들이 돈을 싸가지고 다니면서 명당을 구하려 하지만 지은 복이 없으면 뜻대로 되지 않습니다. 지은 복이 있어서 잘될 사람이라면 좋은 묘 안 쓰고도 결국 잘되는데, 그 이치를 모르고 묘를 잘 써서 잘되는 줄 알다니 어리석은 일입니다. 까마귀가 울면 사람이 죽을 흉조라고들 하지만, 그렇다면 까마귀 다 잡아 없앤 세상에서는 한 사람도 죽을 일이 없다는 말입니까. 이렇게 이치를 거꾸로 해석하니 안타깝습니다.

자기가 지은 만큼 사는 것이 틀림없습니다. 이것이 인과입니다.

인과의 이치만 알아도 허황된 짓은 못합니다. 남을 해치고 중상모략하고도 잘살려 하는 것은 얼마나 미련합니까. 좋은 길 옆에 두고 가시밭길로 들어가는 격입니다. 자기 스스로 재앙을 만들어서 스스로 그 굴속으로 들어가고 있음을 깨우쳐서 알자는 것이 불교입니다.

이 진리에 순응할 때 나라가 발전하고, 진리에 역행하여 외면할 때 나라가 어지러워집니다. 그래서 불교가 바로 서면 다스리지 않아도 어지럽지 않고, 교화하지 않아도 스스로 교화된다는 것입니다. 불교가 발전하면 나라가 발전한다는 것이 그 말입니다. 불법을 세우는 정진에 다 함께 힘쓰길 바랍니다.

제3장

너와 나는 모두 하나다

인간성 회귀의 선

　우리 중생들은 어려움에 부딪히면 남을 원망하며 잘못을 남에게 전가시키는 아름답지 못한 습성이 있습니다. 그러나 참선 수행을 생활화하고 보면 남을 원망하기 전에 자기를 먼저 확인해서 여산부동의 자기중심이 서게 되니 나 밖의 다른 존재, 타他에 대한 이해가 커집니다. 그래서 다른 사람의 비행을 본다 해도 거기에 말려듦 없이 오히려 그 사람에게 애타는 동정심이 생기고 넓은 아량으로 대처하게 되어, 마침내 인간 상호 관계의 갈등이 해소되며 일체의 다툼이 끊어지게 됩니다. 온유함과 여유로움은 선수행을 통해 얻게 되는 생활의 기쁨이지요.

　그런데 그런 생활의 기쁨이 항상하자면 무엇보다 나고 죽는 생사관이 확고하게 정립되어야 합니다. 그래야 복잡한 생활전선에서도 정신은 한가해지는 망중한忙中閒을 누리게 됩니다. '대경천차對境千差 심한일경心閒一境' 경계를 대할 때는 천 가지 만 가지 차별이 있지만 지키고 보는 그 마음자리는 한 경계에서 항상 한가로운 것이 그 경지입니다. 투철한 생사관이 정립되지 않고서는 그런 안심입명처安心立命處는 없습니다.

생과 사, 이 둘은 별개가 아닌 같은 말입니다. 50년을 살았다는 말은 50년 죽었다는 말과 똑같습니다. 지나 버린 50년이란 이미 모래사장에 엎질러진 물과 같아 다시 회수할 수 없는 것입니다. 설사 100년을 살 사람이라 할지라도 앞으로의 50년은 현금現今에 하등 상관이 없는 미래지사未來之事입니다. 목전에 생과 사가 한데 붙어서 흐르고 있을 뿐입니다. 마치 종잇조각의 표면과 이면을 쪼개 놓을 수 없듯이 '생이다!' 하면 벌써 '사'로 흘러가고 '사다!' 하면 벌써 '생'으로 이어집니다. 그 흐르는 속도가 어찌나 빠른지 일찰나一刹那 사이에 구백생멸九百生滅이라고 합니다. 이 육체의 둔한 관찰로야 어찌 그 생사의 흐름을 보겠습니까.

염기염멸念起念滅, 생각이 일어나고 사라지는 것이 곧 생사라고 합니다. 누군가 총칼로 자기를 죽이려 할 때 공포에 질린 나머지 총도 쏘기 전에 칼도 대기 전에 까무러쳐 죽는 사람도 있습니다. 육체에는 터럭 하나도 다친 일이 없는데도 육체가 죽는 것입니다. 그와 반대로 육체에는 백공천창百孔千瘡이 나게 찔려 뚫어졌다고 할지라도 죽음과는 하등 상관이 없을 수도 있습니다. 그것이 염기염멸이 곧 생사가 되는 도리입니다. 한 생각이 공포에 젖으면 생각의 움직임이 육체의 죽음을 만들지만, 생각이 여산부동으로 움직이지 않으면 온갖 죽음의 위협 앞에서도 그 사람에게는 생사가 없는 것이 됩니다.

마음은 과거의 지난 법칙에 망령되이 집착 말고(心不妄取過去法)
또한 다가오지 않은 미래의 일에도 탐착하지 말라.(亦不貪着未來事)
현재에도 자기가 머무는 바가 어디 있느냐(不於現在有取住)
과거 현재 미래 삼세가 다 그 바탕이 공적한 줄 요달하라.(了達三世悉空寂)

생사란 본래 없습니다. 이 생사관이 정립되면 무아無我의 세계, 우주와 내가 둘이 아닌 자타불이自他不二의 대아大我의 세계로 이어져서 인간관계가 평화롭게 전개됩니다. 일체 사유사상을 초월하고 물아불이物我不二, 물심불이物心不二, 염정불이染淨不二, 주객불이主客不二, 친소불이親疎不二의 바탕 위에서 절대 평등한 '무아無我의 아我' '진아眞我의 아我'를 세우는 것, 이것이 바로 천상천하天上天下 유아독존唯我獨尊의 절대적 바탕입니다.

인간이 일으키는 모든 상념들은 이 바탕 위에서 기멸하는 일종의 파도입니다. 파도가 자고 명경지수 같은 절대 바탕을 각성할 때 우주와 내가 둘이 아니며 피아彼我가 둘이 아님을 보게 되고, 마침내 자비 무적의 인간관계를 이루게 됩니다. 또한 그러한 근본 생명을 철견할 때 비로소 완전한 인격을 이루게 됩니다. 완전한 인격을 이룬 뒤에는 백척간두에 진일보로 인류 만유와 더불어 사람이 넘치는 동체대비의 보살행으로 나아가게 되는 것입니다.

유마거사는 병석에서 '중생의 병이 다하면 내 병도 끝난다' 했고 지장보살은 '지옥의 중생을 다 제도하기 전에는 맹세코 나 혼자만 부처가 되어 돌아가지 않겠다'고 했습니다. 고통 받는 중생이 단 한 명이라도 남아있는 한은 돌아서서 그 고통을 외면할 수는 없다는 말입니다. 이웃의 고苦가 남아있는 한 나의 고가 없어질 수는 없다는 이것이 불보살의 동체대비 사상입니다.

이러한 원리를 모르면 자기보다 나은 사람을 싫어하고 자기보다 못한 사람을 무시합니다. 약자는 강자를 싫어하고 강자는 약자를 억압하며, 빈자는 부자를 미워하고 부자는 빈자를 멸시하며, 영리한 자는 우둔한 자를 업신여기고 우둔한 자는 영리한 자를 두려워합니다. 그래서 인간 사회가 어지러워집니다. 부유한 이는 중생의 금고를 관리한다는 심정으로, 어떻게 하면 이 재물을 이웃들에게 잘 쓸 수 있을까 하는 마음가짐으로 사욕에 충당하는 것은 지양해야 합니다. 영리하고 명철한 두뇌의 소유자는 우둔한 사람을 잘 보호하고 이끌어 나가는 지도자가 될지언정 오히려 이용하고 혹사하고 자기 이익을 위해서 부려 먹는 그러한 태도는 삼가야 합니다. 장점이 있는 사람이 단점이 있는 사람을 보완할 때 인류 생명력의 실상, 본래 면목으로 회귀하는 대아大我의 경지에서 동고동락하며 살아갈 수 있게 됩니다.

인간 사회에는 항상 차별 상이 생기기 마련입니다. 그러나 그것

은 평등한 진리 위의 차별 상입니다. 아침에 돋는 태양의 무사평
등無私平等한 햇빛도 높은 산봉우리를 먼저 비춰줍니다. 우주의 이
치는 평등 무사하지만 그 이법理法을 받아들이는 각자 마음자세에
따라서 행과 불행이 달라집니다. 똑같은 전답에 똑같은 씨앗을 뿌
리더라도 경작자의 정성에 따라서 수확의 차이가 생기는 것과 같
은 이치입니다. 그것이 산 진리이며 산 철학이며 산 평등입니다.

  인간은 이런 대우주의 섭리 속에서 상부상조하며 더불어 살아
갑니다. 그러니 자신이 할 수 있는 모든 역량을 남에게 베풀고 국
가 사회 전 인류에게 되돌림으로써, 서로 공생하는 우주 대진리에
순응하는 것이 마땅합니다. 그러지 못하고 자기 것 자기 소유를
주장하면서 자기의 욕구에만 사로잡혀 산다면 그 사람은 오래지
않아 불행해지고 대우주의 진리에 역행하여 스스로 멸망하게 되
니, 우주 공도에 대죄를 범하는 불행한 종말을 자초하게 됩니다.

  한 개인이나 한 물품도 대우주의 것이며, 대진리의 것이며, 인간
모두의 것입니다. 결코 한 개인의 것은 없습니다. 자기의 육체도 자
기만의 것이 아니라 우주의 공물公物이자 국가 사회의 공기公器입
니다. 살 한 점 터럭 하나도 부모의 유체遺體이며, 대자연의 섭리로
이루어졌으며, 우주의 결집체로 형성됐습니다. 내 몸 하나까지도
우주의 은혜, 만물의 은혜, 중생의 은혜, 동포의 은혜, 국가의 은혜
로 이루어진 것입니다. 아무리 생각해 보아도 자기의 것은 하나도
없습니다. 이 몸뚱이조차 내 것이 아니거늘 하물며 재산, 권력, 명

예 그 어느 것이나 절대적인 내 것이 있겠습니까.

그래서 자기가 전 우주의 분신이며 자신이 전 우주이니, 만유의 숨결이 나의 숨결로 통하고 나의 숨결이 만유로 통합니다. 그야말로 물아불이物我不二, 피아불이彼我不二, 상입상즉相入相卽, 원융무애圓融無礙의 화엄법계가 여기서 열리는 것입니다. 자그마한 자기, 소아小我의 틀 속에서 너니 나니 하는 자타의 갈등에 바둥거리는 인생을 탈피하고 대우주의 아我를 철견할 때 참인생이 발견됩니다. 그렇게 참인생을 찾아내는 작업이 선수행입니다.

지금 전 지구가 앓고 있습니다. 20세기의 문화인임을 자칭하는 자들이 전쟁 연습을 한다면서 원자탄을 터뜨리고 로켓을 쏘아대고 숱한 화학약품의 독소를 퍼뜨리고 있습니다. 자연을 함부로 끊고 뚫고 파헤치는 무분별한 파괴를 아무 스스럼없이 자행하고 있습니다. 그런 결과로 이상 기후가 지구촌 도처에서 일어나고 이름 모를 병균이 인간에게 역습해 오는 것입니다. 이렇게 지구가 병들어버리면 결국 우리 인간들이 병드는 것입니다.

하지만 물에 빠져도 정신만 차리면 산다는 속담이 있습니다. 어느 때 어디에서나 같은 생각 같은 소리로 고락을 같이 하고 생사를 같이 하는 그 한 덩어리 힘이 있다면 어떠한 위기 상황에도 대처할 수 있습니다. 석가모니불의 무상無上의 교법敎法인 대자대비 사상으로써 인간 본연의 모습으로 회귀하여 불생불멸의 진아眞我를 구현하는 대도大道로 나아가야합니다. 인간성 본연으로의 회귀야말로 가장 위대한 생명력입니다.

그러자면 우선은 멈추어야 합니다. 발전을 위한 노력을 멈추라는 뜻이 아닙니다. 철도 건널목을 건너기 전에 그 앞에서 잠시 멈춰 서듯이 우선 정신을 가다듬어 뇌리 속에서 난마亂麻의 갈등을 쉬어야 한다는 말입니다. 그것이 참선수련입니다. 참선수련은 인간성의 근저에서 초인간적 지혜를 발굴하는 과정입니다. 언제 어디에서나 잠깐만이라도 고요히 앉아 생각하면 그 마음의 잡다한 상념이 금방 가라앉고 명경지수처럼 안정된 마음 바탕에서 무한한 지혜의 섬광이 빛을 발할 것입니다. 그렇게 부사의不思議한 것이 참선입니다. 참선의 반야선에 올라 태평가를 부를 수 있는 인생을 찾도록 부단히 정진하고 노력해야 하겠습니다.

사람 간에 민족 간에 평화의 꽃을 피우리

새해, 묵은해가 따로 있겠습니까. 노상 그날 그 소리이고, 늘상 하던 일을 그대로 놓치지 않고 할 뿐입니다. 이 시대 이 중생들의 고통을 쓰다듬어 줄 수 있는 부처님의 말씀을 널리 전파해서 모두가 인간답게 살 수 있는 길을 제시하기 위해 모두 노력할 뿐이지 수행자에게 딴소리가 있겠습니까.

사람은 사는 그 뜻이 확립되어야 합니다. 대체 왜 사는 것인지, 어디를 향해서 살아가야 되는지 이 사는 뜻이 확립되어야 하는데, 일시적인 눈앞의 향락만 취하다 보니 어긋나는 행동만 하게 되고 사회가 어지럽게 됩니다. 윤리니 도덕이니 하면 시대에 뒤떨어진 소리라고 밀어붙이고 눈앞의 현실세계에만 사로잡혀 사는 사회 풍조가 만연한 시절입니다. 그래서 이 시대에 이르러 더욱 불교가 필요한 것입니다. 마음의 눈은 어두워지고 육체에만 끌려서 사는 이때에 불교는 바로 그 마음의 눈을 뜨게 해 주는 가르침입니다. 마음은 한계가 없어서 만족이 되지 않고 욕심은 끝없이 피어오르니, 여기서 큰 각성을 일으켜주는 부처님의 지혜가 더욱 필요하지요.

이치를 똑바로 보고 지혜롭게 장래를 설계해야 합니다. 요즘 세상에서 '잘산다'는 기준이 무엇입니까. 얼마나 많이 생산하고 얼마나 많이 먹고 얼마나 많이 쓸 수 있느냐에 있습니다. 하지만 물질문명이 그렇게 팽창하자면 그만큼 많은 노력과 자원이 필요합니다. 그런 세상이 계속되면 자연히 보존자원이 고갈되고 자연파괴가 심해지고 오염물질이 증가되어 결국 자멸의 길을 재촉하게 됩니다. 물건을 아껴 쓰는 간결한 생활이 중생이 영원히 행복해지는 길인데, 물질이 풍요롭고 많으면 마냥 행복해지는 줄 믿으며 살고 있으니 목마르다고 소금물 마시는 어리석음과 같습니다. 물건을 많이 생산하는 데만 기준을 두지 말고 그 피해를 함께 고려해서 생산 자체보다 피해를 방지하는 쪽에 관심을 갖고 투자를 해야만 생산도 지혜롭게 되고 병폐가 줄어들게 됩니다. 먼저 정신적인 각성이 있어야지 세상이 절름발이로 흘러가는 것을 막고 물질문명이 진실로 인생에 유익하도록 만들 수 있습니다.

통일은 꼭 되어야 하고 이제 곧 그렇게 될 단계가 다가옵니다. 그런데 여기서 제일 중요한 문제는 사람의 마음입니다. 사람의 마음에서 통일을 이루어야지 껍데기로 이루어봐야 갈등만 몰고 올 뿐입니다. 이 세상 모든 사상들은 각각 장단점이 있기 마련이니 장점은 취하고 단점은 소화시킬 줄 알아야 하는데 서로 단점만을 드러내어 분별심을 일으키면 마찰과 갈등이 생길 수밖에 없습니다. 우리 민족이 분열되어 장기간 대립해온 것은 중생심이 꽉 차서 지혜가 없었기 때문입니다. 인류역사 또한 투쟁과 파멸과 불안의 수레바퀴 속에서 끝없이 쩔쩔매고 사는 모양입니다. 그 고통에서 벗어나려면 마음이 열려야 합니다.

그래서 남북한 통일을 이루기 위해 무엇보다도 절실한 것이 부처님의 자비 사상입니다. 부처님 사상은 전 세계 인류와 일체의 유주 무주를 모두 통일하는 이치입니다. 너와 내가 상관없이 따로따로가 아니라 내가 잘살아야 너도 잘살고 네가 못살면 나도 못사는 것이 우주의 진리입니다. 그렇게 서로가 같이 잘살 수 있는 방향을 볼 수 있는 마음을 깨쳐주는 운동을 해야 합니다. 무조건 통일되는 데에만 급급할 것이 아니라 통일 이전에 서로 마음의 갈등을 풀어줄 수 있는 정신순화 운동이 일어나야 합니다. 서로 욕심에 팔려가지고 자기 뜻대로만 하려는 식이니 마찰이 생기지 않습니까. 욕심을 버리고 양보할 때 오히려 참으로 좋은 결과가 오는 것을 모르고 있습니다. 화합을 이루어 서로 도와주는 정신을 찾아야 합니다. 그래서 금년에는 우리 불교가 무엇보다도 정진에 기름을 치고 깨우쳐주는 역할, 향을 뿌리는 역할을 담당해야 하리라 봅니다.

수행운동을 통해 불교 중흥의 꽃을 피우자

요즘 불교신자라면 누구나가 불교의 중흥을 얘기하고 있습니다. 이 시대 불교 중흥을 위해 청년 불자들이 가져야할 자세나 좀 더 관심을 가져야 할 부분에 대해서 좋은 말씀을 듣고 싶습니다.

오늘 우리 불교의 발전이 더디다고 답답해하시는 불자들이 많지만, 불교는 영원한 중흥의 흐름 속에 흘러가고 있습니다. 모든 인류의 역사는 무릇 노력한 만큼 빛을 발하고, 제대로 노력하지 않으면 그만큼 퇴보하게 마련입니다.

불교 중흥은 영원한 과제이기에 이 역사가 흘러가는 내내 중흥의 불사는 끝나지 않을 것입니다. 불교의 중흥과 우리 인간계의 중흥은 둘이 아니기 때문입니다. 인간은 모든 고통을 벗어버리고 미망을 깨고자 하는 이상을 갖고 살지만 그것이 뜻대로 잘되지만은 않습니다. 그러기 위해서는 자기 인생을 순간순간 반성하고 매일매일 부단히 정진 노력해서 가꾸어 나가야 합니다. 불교의 중흥

역시 그와 마찬가지 자세로 풀어나갈 수밖에 없습니다. 개인이 모여서 사회가 구성되고 국가가 이루어지는 것이니, 천차만별의 사람들이 다 정화될 때 그 국가나 사회도 정화가 이루어지겠지요. 어떤 집단도 다 개인들이 모여서 움직이는 것이기에 각자의 인생이 정화가 되어야만 피상적인 평가에 현혹되지 않고 옳게 나아갈 수 있습니다.

우리 사회는 이 시대를 사는 모든 생명의 통일체입니다. 종교를 믿든 안 믿든 간에, 정치를 하든 안 하든 간에 우리 모두는 이 사회에 대해 똑같은 책임을 지는 한식구입니다. 그러니 불교가 병들어 있다면 그 정신세계에 사는 우리 생명체도 하나씩 파괴되어 갈 것입니다. 호수 안에 독이 퍼지면 그 안에 사는 물고기들은 결국 다 죽게 되는 것과 같습니다. 하나가 잘되면 모두가 잘되는 시작이 되고, 하나가 병들면 모두가 병드는 시작이 됩니다.

지금 우리 종단뿐 아니라 나라 전체가, 나아가 온 세계 모든 식구들이 심한 몸살을 앓고 있습니다. 그 구성원이 우리 모두가 저마다 각성해서 서로서로 향상하려고 노력해야 하는 때입니다. 사회 전체와 상관없이 어느 한 사람 어느 한 분야만 잘될 수 없고, 어느 한 분야 한 집단이 잘된다고 해서 사회 전체가 다 잘될 수 없습니다. 지금 우리 불교의 진통도, 사회 안팎으로 일어나는 진통도, 개개인 인생살이의 진통까지도 다 우리가 한 몸이기 때문에 일어나는 일임을 알아야 합니다.

신라 시대에는 불교의 발전이 찬란한 민족문화를 꽃피우는 정신적 지반이 되었습니다. 당시 스님들이 나라의 큰 스승이 되어 바른 도리를 가르치니 지도자 또한 백성을 위한 정치를 펼 수 있었습니다. 개인의 생활과 교단의 부흥과 국가의 안녕이 동일한 차원에서 이루어졌지요. 일제시대에는 불교마저 제구실을 못하게 되어 민족 전체가 재앙의 참화를 입었고, 해방된 뒤로는 서양의 물질 만능 사조에 떠밀려 미풍양속이 어지러워졌습니다. 오늘날에는 옛날에는 상상도 할 수 없었던 일들, 금수와 다름없는 사회상이 도처에서 자행되고 있습니다. 이는 특정한 몇 사람의 문제가 아니라 개개인의 잘못이 한데모여 복합적으로 작용해서 일어나는 일들입니다. 이 사회의 혼탁함에 대해 누구나 예외 없이 연대 책임을 지고 있는 것입니다.

그래서 정치인은 정치를 바르게 해야 하고, 장사하는 사람은 양심적으로 물건을 팔아야 하고, 불교계에서는 불교를 잘 융화하기 위해 힘써야 합니다. 그 모두가 한데 어우러져 있는 것이기에 각자 자기 소임을 잘해나가는 일이 매우 중요합니다.

불교의 중흥과 개인의 발전과 나라의 부흥이 한 몸으로 연관되어 있다는 말씀이신데, 그렇다면 현대사회의 문제나 현대인들이 겪는 괴로움을 해결하기 위해 어떻게 해야 될까요?

요즘 사람들의 괴로움은 모든 분야가 하나같이 제자리를 지키지 못하는 데서 나타납니다. 전체가 다 병들어 있는 것이지요. 이는 우리나라만이 아니라 전 세계적으로 보더라도 마찬가지입니다. 이런 문제는 종교인들이 솔선해서 각성할 때 그로부터 탈출하는 길이 열린다고 봅니다. 그 길은 개인 수행을 절실하게 필요로 하기 때문입니다. 우리의 몸은 비록 사바세계에 살고 있더라도 철저하게 수행해나간다면 여기가 바로 정토세계입니다. 정토가 따로 있는 것이 아닙니다. 수행을 열심히 하는 사람이 있는 곳은 다 정토가 됩니다. 그런 면에서 국가와 사회의 허물이나 잘잘못을 따지기 전에 우리 불자들 스스로가 먼저 노력하고 연대적인 책임을 지려고 노력해야 합니다.

불교 중흥뿐 아니라 어떤 문제든지 제대로 해결하기 위해서는 무엇보다 개인 수행이 있어야 한다는 말씀이시군요.

　　그렇습니다. 각자가 수행을 하다 보면 그 한 삶이 자기 주변에서 하나의 정토를 만들게 됩니다. 석가모니 부처님 당시에도 석가모니 부처님이 용기를 내어 수행 정진했기 때문에 부처님의 나라, 정토의 세계를 이룩할 수 있었습니다. 우리들은 그로부터 부처님의 무수한 혜택을 누려온 셈이지요. 지금과 같이 혼란스러운 세계라 할지라도 그런 믿음으로 철저하게 수행하면 반드시 부처님의 세계를 건설할 수 있습니다. 개인의 수행이 사회를 정화시키는 에너지원이기 때문입니다. 물론 바깥으로 드러나는 작용이 있는 것도 사실이지만 내적으로 지속되는 힘은 무엇보다 수행을 통해서 만들어집니다. 향을 사르면 향내가 풍겨나고 똥을 누면 구린내가 진동하듯이 수행하는 사람이 많으면 그 훈기로써 세상의 정화와 교단의 정화도 저절로 이루어지기 마련입니다.

사실 불자들이 수행을 제대로 하지 않고 있습니다. 이런저런 잡음이 생기고 불교 중흥도 어려운 상황입니다. 그러니 성급하게 불교 교단의 문제를 걱정하기 전에 우리들 각자가 부처님의 세계를 구축하는 운동을 열심히 전개해야 합니다. 세상이 어지러울수록 개인이 만드는 정토 세계가 더욱 필요한 것이고, 부지런히 공부하는 사람은 그런 때에 더욱 철저히 수행하기 마련입니다.

요즘 우리가 살고 있는 세계는 불타고 있는 집과 다를 바 없습니다. 부처님이 비유하신 삼계화택三界火宅 그 자체이지요. 전 세계가 하루도 편할 날이 없습니다. 지구촌 구석구석에서 충격적인 사건이 연일 일어나고 있지 않습니까. 조금이라도 정신을 차린 사람이라면 오늘의 시대가 공부를 하지 않고는 자기반성이 어렵고 인생의 길을 올바르게 개척해 나갈 수 없는 때임을 깨닫게 될 것입니다. 불타고 있는 집에서일수록 자기 수행이 더욱 절실합니다. 그래야 그 집에서 우리가 서로를 하루빨리 구출해낼 수 있습니다.

그렇다면 청년 불자들은 자기 수행에 대한 발심뿐만이 아니라 보살심까지도 일으켜야 하겠습니다.

보살심이 바로 자기 수행입니다. 남을 위하는 것만이 보살심은 아니지요. 우주의 이치에 본시 자타가 없는데 수행에 내 것이 있고 남의 것이 구분된다면 거기서 벌써 굴절이 생겨서 고통을 면할 수 없게 됩니다. 수행을 함으로써 자타가 없음을 더욱 여실히 깨닫게 되어야 맞지요. 마음속에 이기적이고 배타적인 독소를 빼내서 나쁜 뿌리를 뽑아서 버리면 그대로가 자연히 보살행입니다. 이타행이란 남을 위한 일만이 아니라 자기 일을 끊임없이 반성하는 그 자체입니다.

또한 같은 맥락에서 나 자신의 모든 갈등을 녹여버리면 그것이 바로 정토를 이룩하는 길이고 포교하는 길입니다. 내 마음속에 있는 탐진치 삼독과 욕망을 끊기 전까지는 어디 가서 무슨 얘기를 한다 해도 설득력을 가지기 어려우니 좋은 효과를 거둘 수가 없습니다. 반면에 내 수행만 잘하면 별다른 소리를 하지 않아도 다른 이들에게 크게 기여할 수도 있습니다.

예전에 배를 타고 섬에 다니며 뱃사람들과 가까이 지낸 적이 있었는데 뱃사람들은 말이 굉장히 거칠어서 말끝마다 욕을 안 할 때가 없었습니다. 그런데 그 사람들과 오대산에 갔을 때 이곳에 만공 스님이 계시다는 얘기를 하니까 잡소리를 하다가도 곧 숙연해지는 것이었습니다. 우리가 옆에 있거나 없거나 소용없이 무례하게만 굴던 사람들이 평생 한 번 보지도 못한 만공 스님의 얘기에 감화를 받아서 저절로 몸을 조심했습니다. 만공 스님이 뱃사람들에게 한 마디도 하신 것 없지만 벌써 그 사람들에게 그렇게 좋은 향훈香薰이 끼쳐졌지요.

내 마음이 청정하면 세계가 청정하듯이 청정하게 수행하려는 노력만 간절하면 그것이 곧 사회정화이며 불교의 중흥이 됩니다. 형식만 쫓아서 억지로 껍데기만 시늉해서는 될 일이 아닙니다.

'수행이란 자타가 없는 마음을 닦는 것이고, 자타가 없는 삶을 사는 것이 보살행이다' 이렇게 이해하면 되겠습니까?

그렇게 볼 수 있습니다. 참말로 수행이란 우리의 본래 면목을 보는 것입니다. 본래 면목을 보게 되면 거기에는 자타가 없습니다. 사람들이 갈등하고 시비하는 까닭도 알고 보면 다 자타심의 분별 때문입니다. 그것이 무너져 버리면 시비가 없습니다. 전체가 다 자기이고 자신이 다 전체로 통하게 됩니다.

지금 우리는 자타의 관념 속에 갇혀 있어서 구석구석 담을 쌓아놓고 네 것 내 것을 구분하니 문제가 일어날 수밖에 없습니다. 자타의 담을 허물지 않으면 말로는 아무리 국가를 위한다 하고

일체중생을 위한다 해도 껍데기만 그럴듯해 보일 뿐이지 속으로
는 욕심이 일을 그르치고 맙니다. 그러니 국민을 위한 정치를 한
다면서도 서로 자기 몫 키우는데 바쁜 게 우리 현실입니다. 국제
적으로도 마찬가지입니다. 입으로는 평화를 위해 군비 축소하자
핵 폐기하자 목소리를 높이지만 속으로는 저마다 자기 욕심에 급
급해서 자기 사용할 만큼 다 숨겨놓고 있습니다. 그러니 언제 전
쟁이 터질지 모르는 일이고, 그렇게 눈 가리고 아웅 하는 식으로
세계평화가 올 리 만무합니다.

　세상 돌아가는 모습이 그야말로 가면의 세계입니다. 물건을 팔
아도 겉을 싸는 포장비용이 과자 값보다 더 비싸게 들어가는 실
정입니다. 물건이 좋으면 간단히 묶어서 팔아도 되지 않습니까. 진
실한 물건의 가치를 담기보다 껍데기 포장에 치우치니까 버려야
할 것만 더 많아집니다. 종교도 그렇습니다. 가면의 탈을 덮어쓰
고 승려니 목사니 하는 사람들이 세속 사람보다 더 못한 행동을
하는 경우가 비일비재합니다. 한마디로 기만의 세계에서 살고 있
지요.

　그런데 이는 남을 속이는 것이 아니라 결국 자기 자신을 속이
는 것입니다. 그러니 갈수록 마음이 불안해지는 것입니다. 전에는
종교 활동을 하지 않아도 이웃과 정을 나누며 잘들 살았는데, 요
즘은 엄청난 양의 정보와 고등교육의 홍수 속에서 고급스런 문화
생활을 누리면서도 다들 마음속에 칼날이 번뜩이고 있습니다. 까

딱하면 납치다 강도다 하여 죽임을 당하고, 대통령하던 사람도 감투가 떨어지면 도망가기 바쁩니다. 이것이 불난 집에서 사는 것 아니겠습니까.

그렇다면 이 사바세계는 앞으로도 계속 그럴 수밖에 없다고 보십니까?

아니지요. 사바세계란 말이 그런 세계를 가리키는 것이고 불세계란 말이 불세계를 가리키는 것입니다. 불세계와 사바세계가 따로 있습니까. 부처님세계라고 어디 따로 구역이 정해져 있지 않습니다. 열심히 수행하고 정진한다면 거기가 부처님 세계입니다. 다만 요즘은 워낙 형식이나 향락에 젖어있어 문제라는 말입니다. 그러나 이러한 어려움 속에서도 또 연꽃이 피어납니다. 모두가 참다운 인생 운동을 하면 그것이 다 불세계로 이르는 길입니다.

지금도 진정으로 불교 운동을 하는 분들이 많이 있지요. 종교 생활을 참되게 하고 복되게 사는 사람이 어느 시대보다 많다는 점이 참으로 큰 희망입니다. 그런 분들이 있고 우리의 노력이 계속된다면 불세계는 꼭 이루어지겠습니다.

우주에 흐르는 진리를 찾아가는 수행

서양에서 불교에 대한 관심이 높아지고 있습니다. 직장에 휴가를 내고 몇 달씩 참선 수련에 들어가는 사람까지 있다고 합니다. 이런 추세로 가면 앞으로 불교가 오히려 서양에서 꽃피우지 않을까 하는 생각도 듭니다.

우주에 흐르는 진리를 찾는 것이 불교입니다. 거기에 동서양의 차별이 있을 수 없습니다. 다만 인류 역사를 더듬어 보면 서양은 동적이고 외적인 측면을, 동양에서는 정신적이고 내적인 자기 인생을 중시했다는 점이 다른 것은 사실입니다. 그러다보니 물질적인 면에서는 동양보다 확실히 발전되었지만 이제 그 물질문명의 한계를 느끼고 있는 것이지요. 물질만 갖고는 인류가 행복하게 사는 길을 찾을 수는 없다는 점을 각성하고 있는 중입니다. 서양 사람들이 앞으로는 크게 깨달을 수 있는 시절 인연이 도래했다고 보입니다.

서양에서도 많은 철학자들이 나오고 상당한 정신세계를 말했지만 그런 철학 사상이 생활화되지는 못했던 부분이 있습니다. 근간에 와서 정신문화에 굉장한 관심을 갖고 실제로 행해보는 사람들이 많아지면서 동양사상에서 무엇인가 안심입명처가 되는 바탕을 보았다고 봅니다. 반면에 동양에서는 오히려 서양의 물질문화에 도취되어 거꾸로 가는 면이 없지 않습니다. 가령 동양인들은 육식하는 사람이 흔치 않았지만 갈수록 육식이 늘어나고 있는데 반해, 서양에서는 오히려 육식을 포기하고 채식을 하려는 사람이 늘어가고 있습니다.

이런 것이 작은 문제 같지만 사실 일상생활의 변화도 정신문화에서 오는 것입니다. 요즘 공기가 나빠진다, 물이 오염된다 하면서 환경문제를 말하는 것도 그렇습니다. 물론 서양에도 환경문제가 많지만 그런 문제를 자각하고 정리하는 노력들이 계속되어 이제 앞으로는 개선되고 해결되어갈 수 있는 희망이 보이는데, 동양은 정신세계가 흐트러지고 겉으로 물질만 뒤따라가다 보니 절름발이 문화가 되어가고 있습니다.

동서양을 막론하고 세계적으로 환경문제가 중요하게 대두되고 있습니다. 이 문제를 어떻게 해결할 수 있다고 보십니까?

정신세계가 바로 서야 해결됩니다. 우리 젊을 때만 해도 공해문제가 심각하지 않았습니다. 그때는 모두가 사는데 급급하다 보니 사치나 허영이 없었습니다. 과자 같은 것도 종이에 한번 싸면 그만이었는데 요즘은 겉치장이 야단스러워야 하니 포장비가 더 많이 듭니다. 이런 일들이 모여서 전에는 상상하지도 못했던 공해문제가 일어나는 것입니다.

공장을 세우고 운영하는 것은 중생을 잘 살리기 위한 물건을 생산하기 위한 것 아닙니까. 그런데 중생을 위한 물건을 만든다면서 중생을 해치는 폐수를 방류하고 있습니다. 어떻게 모든 생명에게 독이 되는 물질을 함부로 방류할 생각을 갖게 되느냐, 그 근본 원인은 우리의 정신이 부패한 데에 있습니다. 정신문화만 바로 서면 공해는 저절로 없어집니다. 누가 갖다 돈을 줄 테니까 해로운 독물을 흘려보내라고 한다 해도 도저히 그렇게는 할 수 없는 그 마음을 찾아야 합니다.

정신만 바로 세우면 오염물을 환경적으로 잘 처리할 수 있는 방법 정도는 얼마든지 있습니다. 몇 억씩 들여서 처리공장을 만든다고 떠들지만 정신이 바로 서지 않으면 어떤 식으로든 오염물은 흘러들어 가게 되어 있습니다. 한쪽에서는 온갖 오염물을 방류하고, 한쪽에서 몇 억씩 들여가며 처리장을 만들고, 서로 눈 감고 아웅하는 식이지 거기 어디 진실한 정신이 있겠습니까. 먼저 인간 교육이 되고 원천적으로 오염을 봉쇄하는 운동을 하면 영산강 살리기, 한강 살리기 하는 것들이 하나도 어려울 것 없습니다. 남의 눈에 안 띌 때는 남에게 피해를 주는 일도 서슴지 않고 함부로 해버리는 정신공해 먼저 고치면 자연적으로 모든 문제가 해결되어 갑니다.

하나가 어긋나면 전체가 어긋납니다. 원천이 썩어 빠졌는데 껍데기를 고치려고 자꾸 비용들이고 선전해봐야 수질 오염 검사하면 도로 나빠지지 않습니까. 지엽적인 것 아무리 다독거려 봐도 그것 가지고는 안 됩니다. 정신문화를 바로 세워야 합니다. 그런 정신계몽이 이루어지고 참자기를 보면 문제는 하루아침에 사라집니다. 자기 마음 속이는 것은 천하를 속이는 것입니다. 자기 마음 찾는 운동을 해야 합니다. 모두 자기 마음을 속이고 있기 때문에 병폐가 일어납니다. 목전에 있는 자기 마음을 바로 보면 나쁜 일을 할 수 없습니다. 양심을 찾는 운동을 하면 공해가 근원적으로 막아지고, 그것이 불교 운동입니다.

또 과거에 잘못한 것을 가지고 형벌하는 데 집중하기보다 어떻게 하면 그런 일을 방비할까에 더 힘써야 합니다. 지나간 허물을 밝히는 것보다 장래를 내다보고 운동을 해야 합니다. 지나간 것은 모래 위에 흩어진 물과 같습니다. 지나간 것 들춰내는 데 정력을 다 쓰고 아까운 시간을 보내기 때문에 정작 밝은 미래를 건설하는 데는 힘을 쓰지 못하고 결과가 더 나빠집니다. 물론 그렇다고 무조건 그냥 덮어두자는 말이 아닙니다. 어느 정도 혼을 내서 깨우침을 주되 앞으로 잘하는 쪽으로 힘을 모아서 다시 그런 전철을 안 밟도록 하는 데 집중해야 합니다. 과거의 허물을 챙기기보다는 허물을 뉘우치고 개혁하고 고쳐나가는 것이 불교입니다. 잘못한 사람도 이해하고 아량으로 대하는 것이 불교이지 잘못한 사람을 모두 죽이고 해롭게 하는 것이 불교가 아닙니다. 나쁜 것을 척결하기 위해서 형벌하는 것이지 형벌하기 위해 형벌하는 것은 아닙니다. 불교의 자비 사상이 근본이 될 때 앞으로 건설의 빛이 납니다. 근본을 잃어버리고 잘못한 것만 서로 꼬집다 보면 아무 건설이 안 됩니다.

오늘의 불교 운동은 어떤 점에 집중해야 할까요?

우주에 반듯하게 흘러가는 진리를 외면하면 인간은 불행해집니다. 인간이 불행해지지 않기 위해 우주에 흘러가는 진리를 찾자는 것이 불교 운동입니다. 서양 사람이든 동양 사람이든 누구든지 다 같이 행복하게 사는 길을 제시하는 것이지요. 그것은 어느 나라 어느 시대이든 이의를 달 수 없습니다. 부처님이 불법을 따로 만든 것이 아닙니다. 우주에 흐르는 진리를 외면하면 그것이 비불교입니다.

그래서 우리 중생이 마음 하나 고치면 다 부처입니다. 탐진치 삼독 구름만 헤쳐 버리면 명랑한 부처가 다 나옵니다. 그렇게 우리가 모두 행복하게 사는 길을 열어야 합니다. 서로 불신하고 서로 원망하고 이런 정신공해를 해결하자는 것입니다. 천진난만한 어린 아이들이 비행을 저지르면서도 반성할 줄 모르는 이것이 정말 큰 공해가 아닙니까. 정신이 병드니까 물질공해가 따라오게 됩니다.

물건은 시원찮아도 포장만 하면 출세하는 세상이 허위 세상입니다. 누더기를 입었으나 인물이 있는지, 아무리 잘 다듬었어도 고약한지, 이것을 판별하는 안목이 있어야 합니다. 인간이 어리석어서 껍데기만 깨끗하고 높은 자리에 있으면 그 사람이 높은 줄 압니다. 하지만 남의 집에서 종노릇해도 위대한 인물이 있을 수 있고, 높은 대통령 자리에 올라 있어도 시원찮은 인격이 있습니다. 그런 안목이 열려야 합니다. 지혜만 생기면 껍데기를 따라가지 않는 안목이 열립니다. 알맹이 있는 인간이 되는 정신문화가 형성되어야 합니다. 그렇지 않고는 가면 가식의 허위생활에 항상 분주하고 어지러운 세상을 면할 수 없습니다. 불교 운동이 그 문화를 일으켜야 합니다.

우리나라 사람들은 언제나 바빠 보입니다. 뭐든지 서두르고 빨리 하려들고, 다른 나라 사람들과 비교해 보면 성격이 매우 급한 것 같습니다.

우리나라가 신라나 고려 때는 참 침착하고 세계 문화에 앞장서 갔습니다. 조선을 겪고 일제 외침을 당하고 오늘날까지 혼란한 와중에 파란곡절을 많이 겪었지요. 본시 바탕이 영리하고 세계 일등인데, 어려운 환경을 겪으며 쫓기다 보니 병이 들어서 침착성이 없어지고 여러 가지 폐단이 일어나고 있습니다. 게다가 손바닥만 한 땅덩어리에 인구가 굉장히 많으니까 자연히 정신이 안정적이기 어렵습니다. 그런 속에 이만큼 사는 것도 어찌 보면 다행이지만, 우리가 조금 더 정신운동을 잘하면 세계적으로도 더할 수 없이 위대한 인물이 될 수 있는 소질을 갖고 있습니다. 아주 영리한 국민들입니다. 외국의 압박 아래 있다 보니 정신없이 자기 문화를 옳게 발전시키지 못하고 기형적으로 자란 면이 있습니다만 이것도 쉽게 고칠 수 있는 소질을 갖고 있습니다. 본래 자기 정신만 찾으면 얼마든지 잘 살 수 있습니다.

그러니 힘들수록 좌절할 것이 아니라 우리가 참으로 우리 일을 해야 합니다. 세상이 이렇게 병들었으니까 우리 할 일이 많은 것입니다. 잘못하는 것을 보면 타일러주고 견책해 주고 하다 보면 머지않아 모두들 정신 차릴 것입니다. 그렇게 정신공해부터 고쳐야 합니다. 물질공해는 인간이 양심만 찾으면 저절로 없어집니다. 우리 수행자들부터 검박하게 사는 기풍을 지키지 않으면 정신을 바로 세우는 이 일이 잘 안됩니다. 부처님 계법이 다 그런 생활을 일러 주십니다. 술 먹지 마라, 고기 먹지 마라, 뭐 먹지 마라 하는 것이 부처님이 우리 괴롭히려고 심통으로 말씀하신 것이 아닙니다. 공부하는데 도움이 안 되기 때문에 율문으로 정하신 것이지요. 천고에 변할 수 없는 것이 부처님 가르침입니다. 그 근본은 우리가 연구하고 더 보탤 것도 없습니다. 그대로만 하면 다 됩니다.

무슨 일이든지 한 번 두 번 자꾸 하다보면 요령이 늘어서 더 잘하게 되지 않습니까. 그러면 부처님과 많은 조사님들 이후에 그분들 것을 배우고 공부하니까 갈수록 성인이 더 많이 나와야 되는데, 거꾸로 성인은 옛날에 있고 밑으로 내려올수록 오히려 더 큰 인물이 안 난다고 보입니다.

한마디로 부처님 법을 지키지 않아서 그렇습니다. 어제는 계행을 지켜야 공부가 됐는데 오늘부터는 안 지켜도 저절로 되는 공부는 없습니다. 오욕락五慾樂에 도취되면 공부가 안되니까 하지 말라는 것이지 무슨 심술로 하지 말라는 것이 아닙니다. 어느 시절이든지 오욕락에 도취되고서는 도를 이루지 못합니다. 요새 사람들은 향락과 편리함에 빠져 있으니 더욱 어렵습니다.

그러나 법에 옛날 법 오늘 법이 따로 있지 않습니다. 부처님 법은 언제나 똑같습니다. 작년 불교 다르고 올해 불교 다른 게 아닙니다. 어느 시대에 가도 천고에 변함이 없습니다. 석가모니 불법

다르고 미륵 부처님 불법 다른 것이 아닙니다. 꿈 깨면 똑같습니다. 성냥을 그으면 어느 때고 불꽃이 일어나기 마련이듯이 어느 때는 성불하고 어느 때는 성불 못한다는 이치는 없습니다. 정신을 못 차려서 그렇지 아무 때라도 다 가능합니다. 시공을 타파하는 것이 불교입니다. 불교의 위대함이 바로 여기 있습니다. 다른 것은 구역을 정해놓고 여기는 되고 저기는 안 되는 그런 조건이 있지만 불법은 모든 것을 초월합니다. 선악과 시비와 장단을 초월하고 시공을 다 초월하는 거기에 무슨 따지는 것이 닿겠습니까.

아무 때라도 '이 뭣고' 하나 딱 찾으면 일체 망상이 녹아버리고 거기에 깊이 들어가면 꿈 깨게 마련입니다. 세상 법은 처처에 걸리지만 불법은 걸리는 것이 하나도 없습니다. 어제까지 도적이었더라도 오늘 마음 고치면 그 사람 부처 됩니다. 어제 나쁜 짓 했으니 이미 때가 지나 안 된다는 법이 없습니다. 어제까지 소 목을 끊던 백정도 귀한 인연 만나서 한 마디 깨치면 칼 집어던지고 그 자리에서 성불합니다. 궤도를 밟아 오르는 것이 아니라 한 생각 돌이키면 평등한 부처를 얻게 됩니다. 서로 부아가 나서 가슴이 타고 열이 받쳐 가지고 울긋불긋하다가도 불법을 만나 '이 뭣고' 하면 불꽃에 물 끼얹듯 그 화가 다 사라져버릴 수 있습니다. 그래서 불교는 알면 대번에 성취됩니다. 천 년 전에 캔 굴이나 금방 캔 굴이나 불을 켜면 밝아지는 것은 다 같습니다. 천 년 전에 캔 굴이라 해서 천년 동안 불 켜야 밝아지고 오늘 캔 광산 굴이라 해서 쉽게 밝아지는 않습니다. 언제나 한 생각 돌이키면 부처 이룹니다.

이 나라에 처음 불법이 들어올 때 절 단청하고 사람 많이 끌어 모아 시작하지 않았습니다. 아도화상 같은 분들이 맨주먹 쥐고 들어왔고 그 정신이 퍼져서 불법이 일어났지요. 천막을 치고 논두렁 밑에 앉아있어도 참으로 불법이 있어야 합니다. 법당 단청하고 사람 끌어 모았다고 거기에 불법이 있지 않습니다. 불타면 금방 없어지는 거기에 불법이 있겠습니까. 불법은 불타지 않고 무너지지 않습니다. 이 점을 깨닫고 부처님 순수한 불법을 펴는 운동을 해야 합니다.

부처님 가르침이 현시대에 어떤 해답이 되고 빛이 될 수 있겠습니까?

현대 문화가 첨단으로 진보되어 생활이 참으로 편리해졌고 인류역사상 가장 발달된 시대라고 합니다. 하지만 참말로 인류가 행복하게 사는 그 비율로 보아서는 도로 뒷걸음질 치는 면이 있습니다. 그렇다고 현대문화를 부정하는 것은 아닙니다. 균형에 맞게 해야 한다는 말입니다. 참으로 사는 일을 만족하게 하는 방도가 병행되어야 하는데, 물질 경제의 편리함에만 치우치다 보니 정신 문제는 등한시해왔습니다. 인간이 자꾸 갈등을 일으키는 원인이 그것입니다. 사람은 원만하지 못하고 항상 한편으로 자꾸 기울어집니다. 편리에 취해 자기 인생을 심각하게 반성하는 지혜가 모자랍니다.

현대의 우리가 등한시하고 있는 그 정신세계를 개척하는 것이 부처님의 가르침입니다. 부처님의 사상을 찾아내는 운동을 하면 됩니다. 현대불교가 그것을 감당할 수 있느냐는 소리들을 하는데 현대불교가 어디 따로 있습니까. 가고 오고 앉고 서는 생활 속에서 우리가 평등한 이치로 살아갈 수 있는 이치가 다 불교입니다. 누구든 어느 단체든 그런 부처님 사상을 올바르게 펴는 일을 하면 됩니다. 아무리 작은 집이라도 뭔가 배울 것이 있는 도량이라는 소리 들으면 성공입니다. 그런 사람들이 불교를 해야 합니다.

부처님 법은 체험과 생활입니다. 생활을 하나하나 조금씩이라도 더 고쳐갈 수 있는, 중생세계에서 부처세계로 한 걸음씩 걸어갈 수 있는 씨앗을 심어야 합니다. 그렇게만 하면 이 세상이 빛을 찾게 됩니다. 우리가 불교 일을 한다고 하지만, 우리 생활이 모두 원만하고 남을 가르칠 자격이 있어서 가르치는 것은 아닙니다. 그러한 방향으로 같이 노력하고 같이 개척해 나가자 그 말입니다. 나는 깨치고 훌륭한 인물이라서 남을 지도하는 위치에 있고, 너는 나보다 못하니까 내 말 들으라는 소리가 아니지요. 허물투성이이고 모자라는 우리들이 모여 다 같이 개혁해 나가는 인생을 걸어갈 수 있습니다. 그렇게 나아갈 때 세상을 밝혀가는 기운이 하나하나 생기지 않겠습니까. 그래만 주면 만족합니다.

테두리보다 근본을 살피는 지혜

 우리 부처님 법은 본시 설할 것도 없거니와 설한 사람도 없고, 또한 법을 들은 사람도 없습니다. 이 법은 노장이 이 회관에 들어오기 전에, 여러 사부대중이 강당에 들어오기 전에 다 설하고 다 듣고 다 마친 것입니다. 그러니 여러분이 이미 다 알고 계신 줄 압니다만 한 번 더 듣는 것도 우리 생활에 큰 힘이 되고 빛이 되는 일이니 전혀 무의미한 것은 아닙니다.

 우리가 매일 밥을 먹고 살지 않습니까. 어제도 오늘도 내일도 밥을 먹어야 되듯이 부처님 법도 한 번 두 번 들어서 되는 것이 아닙니다. 매일 시시각각으로 우리가 부처님의 법문을 들어도 부처님이 눈에 보이지 않는 그 밥을 먹지 않고는 우리의 정신의 아름다운 영양을 섭취할 수 없는 것입니다. 그래서 오늘 이 귀중한 시간에 이 노장의 어름한 이야기를 듣는 것이 무의미한 일은 아닐 것입니다. 간혹 자기 종교의 울타리에 매여서 참다운 종교의 정신을 모르는 경우가 있는데, 그런 분을 위해서라도 이런 때에

한 번 더 이야기가 되는 것도 좋겠습니다.

　인류 역사에 처음으로 종교가 싹틀 때는 다신교의 모습을 하고 있었습니다. 인간은 자기 육척단구가 참으로 작고 보잘것없는 존재라는 생각을 했을 테지요. 자기 몸의 수백 배가 되는 큰 나무도 있고, 수만 배 되는 큰 바위도 있고, 불이 나면 집을 태우고, 홍수가 일어나면 사람도 산천도 다 떠내려 보내고, 하늘의 별들까지 위대하고 신기한 힘이 흐르는 것 같아 보였을 겁니다. 그러니 그 모든 것들을 관장하고 움직이는 어떤 위대한 힘이 있다는 생각을 일으켰습니다. 만물을 태우는 위대한 힘, 모든 것을 떠내려 보내는 힘, 인간의 능력으로는 감당할 수 없는 엄청난 힘, 물을 관장하는 귀신, 바람을 일으키는 귀신, 이런 식으로 온갖 신을 염출해내어 이름 하여 다신교 시대가 열렸습니다. 인간이 스스로 약해져서 존경심을 내고 절을 하며 공포에 질렸습니다.

　시대가 흐르고 의식이 조금씩 발달하면서는, 자연물에 깃든 어떤 위대한 힘이 세상을 움직이는 게 아니라 인간이 자기 지혜로 사물을 어떻게 이용하느냐에 달려있다는 데 생각이 미쳤습니다. 집과 곡식을 태워 재앙을 일으키는 불이 따로 있고, 음식을 익히고 추위를 이기는 데 쓰이는 불이 따로 있지 않다는 사실을 깨닫기 시작했습니다. 불 자체에 신이 있는 게 아니라 인간이 잘 다스리지 못하면 피해를 주는 악한 불로 나타나고 지혜를 써서 잘 이용하면 착한 불로 나타난다, 불만 그런 것이 아니고 물이나 바람

鳥飛毛落

無為精舍
西庵少光

이나 모든 사물이 다 그러하다는 생각으로 발전해갔습니다.

부처님 당시는 아직 다신교가 성한 가운데 이런 각성이 일어나기 시작한 시대였습니다. 브라만교에서는 브라만 신이 우주 만물을 창조했다는 논리를 폈습니다. 부처님은 육사외도六師外道들을 찾아가 담론을 했지만 통쾌한 대답을 얻을 수가 없었습니다. 그들도 아직 위대한 자기 인생을 돌려놓고 밖에서 허우적거리며 어떤 힘에 의존하는 정신없는 생활에서 고민하고 있었습니다. 그래서 결국 혼자 산중 보리수 아래 앉아서 6년 동안 자기 인생을 물끄러미 의심함으로써 꿈을 깬 분이 부처님이고, 그렇게 깨친 진리가 부처님 사상입니다.

그렇게 해서 부처님은 모든 것을 창출해내는 위대한 힘은 스스로에게 갖추어져 있음을 알았습니다. 모든 생명체는 차별이 없고 절대 평등하니 누구나 다 부처다, 깨달으면 해탈해서 자제하고 깨닫지 못하면 미혹한 세계에서 헤맬 뿐이다, 본래 존재에 차별이 있는 것이 아니라 다만 깨닫고 못 깨닫는 것에서 차별이 있을 뿐이다, 이것이 부처님의 가르침입니다. 그것이 부처님이 팔만사천 법문을 통해서 오늘날 세계로 뻗어 나가고 있는 것입니다.

부처님의 도는 본래 없는 도를 과시하거나 위대한 힘을 과시하지 않습니다. 우리 모두 가지고 있는 근본 자기를 발굴하라는 가르침입니다. 그러고 보면 으뜸이 따로 없고 부처님이 따로 없습니다. 평생 불법 한마디도 들어보지 못한 사람이라도 '지금 이 인생이 어떻게 생겨나서 무엇 때문에 살고 그 결과는 어디로 가는 것일까?' 이런 의문을 돌이키며 참으로 인생을 진지하게 산다면 누구나 근본 자기의 문제에 부닥치게 됩니다. 거기에 불교니 무슨 종교니 하는 거추장스러운 허울은 다 없습니다.

종교라는 그 테두리에 얽매이지 말고 근본을 살펴야 합니다. 모든 종교는 종교를 위해 있지 않습니다. 어부가 그물을 펴는 것은 고기를 잡기 위해서입니다. 그저 그물을 펴는 것이 목적인 사람이 어디 있습니까. 고기를 잡고나면 그물은 배 한쪽 구석으로 집어 던져 버립니다. 우리가 중학교 가고 고등학교 가고 대학교 가면서 공부하는 것도 자기 인생을 똑바로 행복하게 아름답게 꾸며가기 위함이 목적입니다. 종교의 문을 두드리는 것도 마찬가지입니다. '어떻게 하면 인생을 아름답게 살 수 있나?' 그런 목적으로 종교의 문을 두드려야지 종교를 믿기 위해서 종교를 가지는 것은 참 어리석습니다.

그러니 종교의 울타리를 가진 사람들끼리 서로 반목하고 산다는 것은 참으로 한심스러운 일이 아닙니까. 모두가 대화하고 토론하며 같이 발전할 때 참다운 승화의 세계가 열립니다. 함께 모여 연구하고 서로 배우고 탐구하면서 공부함으로 해서 앞으로 무한한 발전을 기약하게 됩니다. 전 세계가 한 집안입니다. 모든 것을 허락하고 전 세계를 내 몸같이 여기며 사랑하라는 동체대비가 부처님 가르침입니다.

우리 역사를 보더라도 불교가 발달했을 때는 나라가 발전했고 불교가 피폐할 때는 나라도 또한 몸살을 앓았습니다. 우리가 불교를 망각했다는 것은 불교의 이름이 아니라 우리의 양심, 동방예의지국의 그 이념을 망각했다는 말입니다. 그러나 불행 중 다행으로 전 세계가 부처님 사상에 눈을 뜨고 있습니다. 과거에는 약육강식으로 남의 나라를 지배하면 자기는 행복하게 살 줄 알았는데 잔인한 무기로 남의 나라를 해치면 자기도 피해를 입는다는 철학을 깨닫는 사람들이 늘어가고 있습니다.

부처님의 자비는 전 세계 인류의 고통이 자기의 고통이고 전 세계를 위하는 것이 곧 자기를 위하는 것과 똑같다는 소리입니다. 전 세계가 공존할 때 참다운 생명이 있습니다. 약소민족이라고 점령하고 지배하려 들어서는 인류의 행복을 가져올 수는 없습니다. 부처님은 미물까지도 그 생명을 아끼라 했으니 부처님 사상으로라면 무슨 투쟁이 있겠습니까. 우리가 부처님의 사상을 바로만 안다면 그야말로 세계는 평화로워지게 됩니다. 근래에 와서 이 시대의 지성인들과 철학자들도 다 같이 부처님 사상으로 가까워지고 있으니 다행입니다.

태난습화胎卵濕化 사생四生의 모든 생명체가 근본은 똑같이 절대 평등입니다. 부처니 중생이니 이런 잠꼬대 같은 소리도 없습니다. 중생이 있으니 부처가 있고, 미혹한 것이 있으니 깨달은 것이 있고, 높은 것이 있으니 낮은 것이 있고, 어두운 것이 있으니 밝은 것이 있는 것입니다. 근본 그 자리에는 그런 명상 따위 붙을 데가 없습니다. 잘나고 못나고, 건강하고 약하고, 남자고 여자고, 하얗고 노란 피부색깔은 다 표가 나지만 우리의 마음자리는 차별이 없습니다.

마음이 둥근가 모가 났는가, 생긴 것이 긴가 짧은가, 그놈이 붉은가 푸른가, 그놈이 강한가 부드러운가, 아무 형단이 없습니다. 아무 형단이 없기 때문에 때로는 둥글고, 때로는 모나고, 때로는 착하고, 갖은 조화를 다 일으킵니다. 본시 마음 자세가 둥글었다면 다시 모나지 못할 것이고 그것이 만약 강하다면 다시 부드럽지 못할 테지만, 본시 그 자리가 형단이 없으니 천차만별의 세계가 다 일어납니다. 천당과 지옥 사생육도도 전부 우리 마음에서 일어나는 한 그림자입니다. 팔만사천 법문이나 조사 스님네가 말한 것들이 오직 그 마음 하나 밝히기 위한 것으로 내내 한 소리입니다. 이것을 분명히 알 때 우리는 서로가 용서하고 서로 도와주고 상부상조해서 살 수 있습니다.

우리가 이 마음 하나 밝힐 수 있을 때 사바세계에서 정토 세계를 살고, 이 마음 하나 잘못될 때 이 좋은 세계에서 지옥세계를 살게 됩니다. 물질만능으로 정신없이 사는 오늘날에 부처님의 이 한 말씀이야말로 참으로 청량제가 되고, 세계의 국민이 그 항상심으로 살 때 행복한 인생을 살게 됩니다. 우리가 일상생활에 가고 오고 앉고 서고 울고 웃고 하는 그 속에서 불교가 있습니다. 불교는 그 속에서 찾아집니다.

우리의 위대한 자기 주인공은 한계 없는 이 우주 속에서 잠시도 없는 시간이 없고, 잠시도 없는 공간이 없고, 정해진 형단도 없습니다. 언제 어디서나 아무 구애 받지 않는 그 자리가 우리 마음자리입니다. 현전일념現前一念하여 그 위대한 자기를 응시하고 살라는 것이 부처님의 가르침입니다. 이런 부처님 세계는 부처님이 말하기 전에도 우리가 이미 다 알 수 있고 서로 이심전심으로 통할 수 있습니다. 이 사상에 눈뜨지 않고는 어떤 기교나 수단이나 힘으로도 참으로 아름다운 세계를 건설하지 못합니다.

사실 이렇게 혀끝의 논리로 말하는 것은 몇 푼어치도 안 되는 이야기입니다. 여러분이 밤에 잠자리에 들기 전에 잠시 몇 분이라도 고요히 앉아서 자기 마음, 참다운 우리의 빛나는 정신을 한번 돌이켜 보십시오. 화가 나고 부아가 나는 거기를 돌이켜 보아야 합니다. 아무 뿌리 없는 마음에 속아 칼부림이 일어나고 서로 싸우고 있는 것을 보아야 합니다. 그림자마냥 잠시도 여의지 않는 이 마음을 바깥으로 헤매지 말고 모든 희로애락 일어나는 그 당처를 한번 돌이켜 보시라는 말입니다. 바로 그 자리에서 위대한 청량제 같은 자기를 맛볼 수 있습니다. 그렇게 하신다면 오늘 노장이 이 귀한 시간에 공연히 말할 것도 없습니다.

일체 의견이나 사상을 떠나고, 일체 울타리를 벗어나서 항상 대화하고, 전 세계 인류가 손을 잡아야 합니다. 그렇게 우리가 모두 정진하여 극락세계를 건설합시다. 우리 삼십만 교포가 이 나라에 와서 피나는 업적을 이룩하듯이, 이제는 전 세계 인류를 구제하고 순화하는 관세음보살이 되고 석가모니가 되기를 염원합니다. 어눌한 말을 끝까지 들어주신 여러분께 감사합니다.

부처님 법과 세상 법

죽비 세 번을 때리고 잠깐 동안 무엇을 했느냐고 묻는다면, 여러분의 본래 면목을 살핀 시간이었다고 대답할 수 있습니다. 이 노장이 부처님 법을 얘기한다고 여기 있지만 사실 부처님 법은 언설로 다 표현할 수가 없습니다. 그러나 부득이 언설이 아니고는 표현할 길이 없으니 오늘도 잠깐 동안 부처님의 가르침을 더듬어볼까 합니다.

오늘 20세기의 인류는 어느 때보다 커다란 모순에 봉착해서 전전긍긍 불안과 갈등 속을 헤매고 있습니다. 현대 인류문화가 인류를 행복하게 하기보다 불안과 공포로 떨게 만들고 있습니다. 입으로는 세상이 발전하고 있다, 행복하고 평화로워졌다고들 말하지만 사실은 그렇지가 못하고 오히려 그와 정반대의 잘못 사는 길로 가고 있습니다. 행복을 추구한다면서 불행으로 가는 일을 하고 있습니다.

우리는 가장 쉬운 법을 도외시하고 엉뚱한 길로 가고 있습니다. 부처님 법을 돌이켜보기만 하면 다시 연구해 볼 문제가 따로 없습니다. 부처님께서는 맨손으로 설산에 들어가 6년 동안 고행을 하셨고 나오실 때도 역시 빈주먹으로 나오셨지만, 그 결과로 전 세계 인류를 구제했습니다. 물질이 아니라 정신이 바른 눈을 뜰 때 인류 모두가 행복하게 살 수 있음을 알려주신 것입니다.

부처님은 6년 고행하시면서 하루에 삼씨 한 알과 보리 한 알 외에 무엇을 잡수신 것이 없었습니다. 대신 눈에 보이지 않는 위대한 요리, 일체중생을 내 몸과 같이 사랑하는 정신의 요리를 해 드셨습니다. 동체대비同體大悲로 모든 중생을 구제하겠다는 원력의 요리가 혈맥에 돌아서 살이 되고 피가 되었으니 6년 동안 피골이 상접했음에도 건강한 몸을 지켰던 것입니다. 반면 현대의 우리는 좋은 영양소까지 따져가며 온갖 요리를 잘 해먹겠다고 부산하지만 막상 그 인생은 병들어 불행해지고 있습니다.

우리 삶이 근본적으로 잘못 가고 있는 것입니다. 마음 한 번만 돌리면 그대로 세계의 갑부가 되고 평화롭고 행복하게 사는 길이 눈앞에 펼쳐질 수 있습니다. 내 것이라는 욕심을 내려놓고 동체대비로 전 인류를 내 몸같이 사랑하는 마음이 있다면 지금 이 자리에서 우리 모두는 부자가 됩니다. 참으로 인류를 구제하는 것은 물건이 아니라는 말입니다. 우리가 마음만 한번 돌리면 하루 세끼 먹는 것을 두 끼만 먹어도 건강해지고, 모든 병을 이겨나가는 위대한 정신력이 발생합니다. 이렇게 행복으로 가는 부처님 사상을 외면하고 중생 노릇을 하고 있으니 세상이 점점 구렁텅이 속에 빠져들고 있는 것입니다.

부처님 법은 현실을 똑바로 보는 정치가이며, 경제가이며, 인류 최고 지도자의 가르침입니다. 부처님 법안에 모든 약이 들어있습니다. 그러나 불교가 특별한 어떤 법인 것은 아닙니다. 세상 법이 불법이며 불법이 세상 법입니다. 어떤 위대하고 초인적인 힘에 의지하는 법이 아니라, 사람은 각자가 다 절대 평등한 부처임을 아는 것이 불교입니다. 내가 본래 모든 것을 갖춘 부처인데 우리는 지금 그 사실을 망각하고 중생놀음을 하고 있는 것입니다. 마음이 근본입니다. 마음이 천당과 지옥을 만들고 친구와 원수를 만들어냅니다. 이 사실을 모르고 마음 밖에서 허우적거리고 구하기 때문에 모든 문제가 어렵게 펼쳐지게 됩니다. 자기 마음을 다스릴 때 인류가 다스려지고 참으로 평화로운 세상이 펼쳐집니다.

20세기의 인류문화가 앞길이 딱 막혀서 더 나아갈 길 없는 곳에 봉착해 있습니다. 온 사회가 서로 투쟁하고 시비해서 스스로 자기 발을 묶어 못 살게 하기 때문입니다. 어디 다른 누가 그렇게 만든 게 아니라 우리가 욕심으로 그 씨를 뿌리고 열매를 가져왔습니다. 인간이 모든 물건이나 생명이나 다른 사람을 함부로 여기고 탐욕으로 대하는 데서 일어난 결과입니다. 우리나라에서 하루에 발생하는 음식쓰레기 양이 얼마나 엄청난지를 귀가 아프게 들었을 것입니다. 산 좋고 물 좋다던 우리나라에서 이제 마음 놓고 물 마시기가 어려워졌고 숨도 마음대로 못 쉬어 목이 잠기게 되었지만, 이것은 어느 누가 만든 게 아닙니다. 천재지변이 아니라 우리 스스로 만든 인재입니다. 각자가 자기 자리에서 동체대비의 사상으로 살아야 하는데, 그 정신을 알지도 못하고 배우려 들지도 않습니다. 바른 정신을 찾는 데에는 부처님의 가르침만한 것이 없습니다.

생명체란 참으로 신비합니다. 부처님이 6년을 굶은 채로 금강의 지혜를 얻었다는 것도 그렇습니다. 잘 먹고 잘 입는다고 번영하는 것이 아닙니다. 중생을 위하고 보살행을 행할 때 피가 맑아지고 한없는 영양 가치가 솟아나서, 설사 피골이 상접하게 삐쩍 말라도 건강하고 결코 쓰러지지 않는 강인한 생명력을 발휘하게 됩니다. 그런 위대한 정신세계를 돌아보지 않고 물질에만 애착해서 서로 투쟁하고 뺏고 싸우는 것은 정말 안타까운 일입니다.

'일체유심조一切唯心造'라고 합니다. 참으로 모든 것이 마음속에서 일어납니다. 우주를 지배하는 것은 우리 자신들입니다. 이 육체는 백 년 동안 내 정신을 담는 그릇에 불과하지만, 이 마음 이 정신은 우주 만유가 일어나기 전에도 있었고 우주 만유가 부서져도 상관없이 시공간을 초월해 있습니다.

우스운 이야기 하나 하지요. 어린아이가 배가 고파서 엄마에게 밥을 달라고 울면서 졸라댑니다. 밥이 덜 됐으니 조금만 기다리라고 해도 아이는 배가 고파 죽겠다고 합니다. 엄마가 좋은 그림책을 하나 주면서 잠깐만 보고 있으면 금방 해 주겠다고 달랬습니다. 그런데 잠시 후에 밥이 다 돼서 밥 먹으러 오라고 불렀는데 이번에는 아이가 안 먹겠다고 합니다. 그 사이 그림책에 빠져서 조금 전까지 고프던 배가 안 고프게 되어버린 것입니다. 그게 마음입니다. 우리는 이 위대한 마음의 보고를 찾아 쓰지 못하고 있습니다. 마음 하나에만 집중하면 참으로 위대한 힘이 솟아나게 됩니다.

불교는 오직 이 정신 하나를 밝히는 가르침이지 어느 위대한 부처님의 힘을 갈구하는 게 아닙니다. 사람사람이 다 부처의 절대 평등한 자리를 가지고 있으니 다만 자기 부처를 바르게 하라는 가르침입니다. 우리는 그 부처를 찾는 운동을 해야 합니다. 부처님께서는 팔만사천 법문을 하시고도 '진실로 나는 한마디도 한 바 없다'고 했습니다. 우리의 병증이 있으니 그를 다스리기 위해 갖은 잔소리를 했지만 본래는 한마디도 할 도리가 없다는 것입니다. 아주 평등하고, 누구나 들어도 쾌활하고, 한번 들으면 다 밝게 알 수 있는 것이 부처님 법입니다.

부처님은 이 완전무결한 진리를 획득하시고, 천고에 변할 수 없는 그 진리를 찾는 것만이 인류가 행복의 세계로 나아가는 길임을 밝혔습니다. 그런 불교가 우리나라에 들어온 뒤 신라와 고려를 거치며 자리를 잡아서 이어 나오다가 오늘날에 와서는 그 정신이 쇠잔해가는 처지에 이르렀습니다. 불교의 정신이 쇠잔하면서 이 나라의 미풍양속이 빛을 잃어가고, 윤리 도덕이 무너져 가고, 지금은 금수세계로 흘러간다 해도 누가 변명할 수 없는 현실이 되고 말았습니다. 이제 우리가 각성해서 불교 운동을 다시 일으켜 나라를 구제하고 세계 인류를 구제해야 합니다.

이것은 어려운 일이 아니고 돈이 드는 일도 아닙니다. 부처님이 맨주먹으로 산에 들어가서 구하신 것은 황금이 아니라 진리였습니다. 우리나라에 불교가 들어올 때 금단청을 해서 머리에 이고 온 것도 아니고, 사람을 모집해서 힘을 과시하고자 온 것도 아닙니다. 빈주먹으로 들어온 아도화상이 대체 무엇으로 우리 인류를 구제했나를 생각해 봅시다. 본래가 무소유입니다. 무소유야말로 우주 전체를 다 입히고 먹이는 재산인데 이런 불교의 근본정신을 망각해 버렸으니 오늘 우리가 병이 든 것입니다. 바른 정신을 포기하고 밖의 어느 위대한 힘에 의지하는 넋 빠진 정신으로 살고 있으니 어디 세상이 혼란하지 않을 수 있습니까.

지금 우리 인류가 정말로 재산이 없어서 못 살고 굶어 죽는 것이 아닙니다. 한쪽에서는 쌀이 썩어가도록 남아돌아 쌓여 있고 한쪽에서는 없어서 굶어 죽어갑니다. 잔뜩 쌓아두고 먹지도 않으면서, 죽어가는 순간까지 그것이 천만년 자기 재산인 줄 아는 것이 중생의 모습입니다. 우리가 오늘부터라도 일체중생에 동체대비의 마음을 가지고 살아가려는 정신만 하나 바로 서면 그대로 부자가 되는 것입니다.

세계의 제일 갑부가 어디 있느냐 하고 누가 물으면 나는 인도에 있다고 대답합니다. 인도의 자이나교도들을 보면 철저하게 무소유로 생활을 합니다. 어떤 사람은 벌거벗고 다니기까지 했는데, 그는 옷을 벗고 다니면서도 아주 화평한 것이 세계의 갑부 그대로였습니다. 발가벗고 무일푼이어도 더 가질 욕심이 없으니 천지가 다 자기 것이었습니다. 아무리 갑부라도 더 가질 욕심을 갖고 있다면 그 사람은 부자가 아닌 부족한 사람이고 불행한 사람입니다.

또 하나 기억에 남는 이야기가 있습니다. 사회사업에 필요한 기금을 모으러 다니는 사람이 있었는데 한번은 수백억을 가진 기업가에게 후원을 부탁하려고 찾아갔다고 합니다. 회사로 찾아가니 마침 그 사람이 아주 흥분해서 직원에게 무언가를 이야기하고 있었습니다. 가만히 귀 기울여 들어보니까 광고지를 붙이는 데 풀을 많이 썼다고 야단치는 소리였습니다. 그 순간 '야, 이렇게 큰 재벌이 그까짓 풀 좀 썼다고 저 야단이니 아무래도 저 사람에게는 돈 한 푼 못 얻겠다.' 생각했습니다. 그냥 돌아갈까도 싶었지만 이왕 찾아온 것이니 한번 말이나 던져보자 하고 찾아온 이유를 밝히며 돈을 좀 희사하라고 했습니다. 어차피 안 될 바에야 마음껏 얘기나 해보자고 마음먹었던 액수에다 더 덧붙여서 말을 했는데 뜻밖에 두말 하지 않고 돈을 주더라는 겁니다. 그래 깜짝 놀라서 물었습니다.

"선생님 세계를 짐작 못 하겠습니다. 직원더러는 광고지에 풀을 많이 붙였다고 크게 나무라는 걸 봤는데, 어떻게 한마디 말도 없이 요구한 대로 기금을 허락하십니까?"

"허허, 지금 드리기로 한 돈은 쓸 자리에 쓰는 것이라 조금도 아까울 게 없지만, 풀은 바람에 안 떨어질 정도만 붙이면 될 것을 덧칠을 하니 아까워서 그랬습니다."

얼마나 아름다운 정신입니까. 우리가 물건을 쓸 자리에 쓴다는 것은 참으로 뜻있는 일입니다. 자기가 가진 돈이 자기 재산이 아니라는 그 말입니다. 우리 모두가 중생의 금고를 맡고 있는 금고지기임을 알아야 합니다. 어떻게 하면 내 재산을 중생을 위하여 가치 있게 쓸 수 있을까 생각하며 사는 정신이 보살행입니다. 자기 물건이라 해서 자기 맘대로 쓰는 건 곰 같이 미련한 사람입니다. 자기 물건이 어디 있습니까. 자기 몸이라는 이 육체조차도 자기 것이 아닙니다. 부모의 은혜, 사회와 나라의 은혜, 우주의 은혜를 듬뿍 걸머지고 난 것이 내 육체이기 때문입니다. 그런데 하물며 다른 물건이야 말해서 무엇 하겠습니까. 그런 정신만 하나 들고 있으면 이 예토가 그대로 정토가 됩니다.

이러한 원리를 모든 민중에게 전하기 위해서 정토회가 지난 10년 동안 고생을 하면서 방방곡곡에 그 등불을 밝히고 있는 줄 압니다. 오늘 이렇게 한자리에 모인 것은 그 정신을 한층 더 다지기 위한 일입니다. 이 나라와 세계의 인류를 구제하는 부처님 사상

의 큰 횃불을 들고 그 정신을 밝히는 것은 위대한 정치이며, 위대
한 사상이며, 위대한 경제이며, 위대한 기업이며, 위대한 문화입니
다. 이러한 불교 운동으로 멀지 않은 장래에 전 세계가 서로 도와
주고 사랑하며 투쟁 없이 사는 정토를 이룩하기를 발원합니다.

제4장

마음의 근본자리만 찾으면
지금 여기가 정토

마음을 찾아라

이 마음을 다스린다는 것은 참으로 쉬울 것 같지만 때로는 산에 가서 호랑이 잡기보다 더 힘이 들기도 합니다. 가장 쉬운 일이기도 하지만 한번 삐뚤어지면 잡아올 수가 없습니다. 옛날 스님네는 자기 이름을 "아무개야!" 하고 부르고는 또 "이리 오너라!" 하고 고함을 질렀습니다. 마음 찾으러 들어와서 자기 마음을 잃어버렸다고 자기 이름을 불러놓고는 "예" 하고 대답하고 또 부르고는 대답하고 했단 말입니다. 자꾸 마음이 삐뚤어가니까 그렇게 한 사람도 있었습니다.

우리 마음이 참 묘합니다. 이게 머무르면 우주에 꽉 차있습니다. 허공 끄트머리를 생각해보면 그 끝을 생각할 수가 없지 않습니까. 어디까지가 허공 끝입니까. 《금강경》에 '동방허공가사량부東方虛空可思量不 남서북방사유상하가사량부南西北方四維上下可思量不'라는 말이 나옵니다. 동쪽허공이 어느 정도인지 헤아려볼 수가 있느냐? 동서남북 상하허공을 헤아려볼 수 있느냐? 사량할 수 없는 그 허공 끝까지도 이 마음은 갈 수 있다는 말입니다. 비행기 타고 수억 만 년을 한없이 가도 허공 끝은 가 닿을 수 없는데 우리 마음은 그 끝없는 허공을 다 집어넣을 수 있습니다.

그러나 그 큰마음도 쭈그러들면 바늘 끝 하나 꽂을 여지가 없습니다. 자기 마음이 어디가 끝나는지 그 끝난 자리를 자기도 모릅니다. 가까이 있는데도 모릅니다. 그래서 마음은 불가사의하고 형언할 수가 없습니다. 그래서 달마 스님이 혈맥론血脈論에서 이렇게 말했습니다.

심심심불가득心心心不可得
관시변법계寬時遍法界 착야불용침窄也不容鍼
아본구심불구불我本求心不求佛 요지삼계공무물了知三界空無物
약욕구불단구심若欲求佛但求心 지저심심심시불只這心心心是佛

'마음은 가히 찾기 어렵구나. 모든 우주 법계에 두루 하면서도 좁을 때는 바늘 하나 용납할 곳도 없다. 내가 공부하는 것이 이 마음 하나 찾으려는 것이지 밖에서 32상이나 부처를 구하려는 것이 아니다. 만약 부처를 찾으려고 하거든 다만 그 마음을 찾으면 된다.'

욕계·색계·무색계의 이 우주도 우리 마음이 없어지면 어디에 있을 자리가 없습니다. 다 한바탕 그림자 같은 것입니다. 마음을 제일 먼저 찾아내야 합니다. 그런데 마음 없는 사람 어디 있습니까. 집안 궤짝 안에 마음을 치워놓고 오신 분 있으면 손 한번 들어보시오. 마음 없는 사람이 하나 없는데도 그 마음 찾기가 어렵다고들 합니다. 마음은 일어날 때 이미 허물이기 때문입니다. 마음을 이루었다 하면 벌써 벌어져 나온 것입니다. 그러나 참마음은 아주 가까이 있어서 잠시도 여읠 수 없습니다.

우리는 눈으로 세상을 다 봅니다. 산과 들, 김 씨와 박 씨를 다 눈으로 보고 압니다. 제 몸뚱이를 살펴보려고 하면 코 끄트머리도 볼 수 있습니다. 그런데 자기 눈은 보이지 않습니다. 자기 눈을 볼 수 있는 사람 있습니까. 거울로 보는 것은 눈을 보는 게 아니라 그림자를 보는 것입니다. 자기 눈은 못 봅니다. 하지만 보이지 않는다고 눈이 없는 것은 아니지요. 눈은 있으나 우리가 보지 못할 뿐입니다. 자기 마음을 모르는 것도 그와 같습니다. 마음은 잠시도 여읠 때가 없는데 이 마음이 너무 가깝다보니 잊어버리고 사는 것입니다. 가까이 있는 그 마음을 바로 보라는 것이 불교입니다.

마음을 바로 보면 전체 우주 생명이 똑같이 내 마음입니다. 미워할 마음이 따로 없고 미워하려 해도 적이 없습니다. 그래서 불교는 동체대비, 모든 생명을 다 내 몸같이 아껴주라고 했습니다. 모두를 사랑하되 거기에 아무 조건이 없습니다. 부모가 자식 사랑하듯이 오직 사랑할 뿐입니다. 그래서 부처님의 법에는 적이 없습니다. 자비에는 적이 없으니까요. 남을 자비로 보는데 무슨 적이 있겠습니까. 불교는 절대 자비입니다. 그러한 가르침이기 때문에 생명 있는 것을 내 몸같이 대하자는 것입니다. 그러니 갈등이 생길 수 없습니다.

내가 6·25 때 마을 가까이 내려가 초막을 쳐놓고 살았던 적이 있습니다. 그런데 그 동네는 좌우익 갈등이 굉장히 심했습니다. 특히 좌익과 우익으로 갈려 서로가 원수같이 지낸 두 집안이 있었는데, 한번은 어떤 키 큰 사람이 내게 찾아와서 물었습니다. "원수를 갚는 게 옳습니까?" 그래서 내가 생각을 정리해 주었지요.

원수를 갚으려고 갑이 을을 죽였다고 합시다. 그러면 을의 아들딸이 가만있겠습니까. 자기들 부모를 죽였다고 다시 또 갑의 집안 사람 하나를 죽이겠지요. 그렇게 피차간에 하나씩 죽였으면 끝나야 하는데 그렇지를 않습니다. 두고두고 원수를 갚는 일이 되풀이될 테니 그런 식으로 나가다간 원수를 언제 맺고 언제 갚겠느냐 말입니다. 네가 하나 죽이고 나도 하나 죽였으면 평화롭게 지내져야 할 것 같은데 주고받고가 끝이 없게 됩니다.

그러니까 우익 사람들이 좌익이던 그 사람 아들을 죽였다고 합니다. 그런데 그 원수를 갚을 기회가 찾아왔습니다. 우익의 우두머리를 붙들어 원수를 갚으려고 하다가 마침 어느 중이 있다고 하기에 찾아와서 물었던 거지요. 그런데 내가 하는 얘기를 듣고 가서는 그날로 우익 사람을 석방시켰고, 그 뒤로는 동네 사람들이 서로를 보호해주게 됐습니다. 전쟁 중에 좌우익이 서로 번갈아 세력을 갖게 됐는데도 사람들이 별로 죽지를 않았습니다. 우리 실생활도 그렇습니다. 서로 도와주면 좋은 과보가 오고, 서로 해치면 나쁜 열매가 옵니다. 그 인과를 알고 살면 세상은 태평해집니다.

그런데 내가 남을 위해 대신 밥을 먹어줄 수 없고, 내 밥을 남이 대신 먹어줄 수도 없습니다. 이가 아파도 내 밥은 내가 먹어야지 아무리 친한 친구가 먹은 밥이라도 내 배를 부르게 하지는 못합니다. 인생은 자기 혼자입니다. 누구도 내 일을 거들어 주지를 못합니다. 자기 일은 자기가 하는 것입니다. 어떤 노인이 짐을 지고 오르막에 올라가느라 쩔쩔매고 있는 모습을 보고 짐을 들어다 주었다면 '내가 노인의 짐을 들어다 주었으니 좋은 일 했다' 합니다만, 사실 그 사람은 빚을 졌고 나는 내 복을 지었을 뿐입니다. 나는 절대 남의 일을 하지 못하고, 내 일은 나 혼자 하는 것이지 누가 거들지를 못합니다. 천하 사람이 내 칭찬한다고 해서 내인생에 털끝만치라도 보태지는 게 없고, 천하 사람이 헐뜯는다 해서 내 인생이 날아가지 않습니다. 자기 일, 자기 인생은 자기 것입니다. 쌍둥이가 되어 태어나도 서로 세계가 다릅니다. 인생은 혼자 오고 혼자 갑니다. 부처님 세계를 닦으면 부처를 만나고, 악한 행동을 하면 악당을 만나게 됩니다. 누구도 거들지 못합니다. 천하 사람을 일시적으로 속일 수는 있지만 자기 인생을 속일 수는 없습니다.

그런 중대한 자기 인생을 어떻게 과장하겠습니까. 과장한다고 해서 사실이 그 과장처럼 되는 것도 아닙니다. 자기가 뿌린 씨는 자기가 받습니다. 누구도 대신 못합니다. 인과가 무섭다는 것이 그 말입니다. 사람마다 업이 다르기 때문에 같은 세계에 있어도 살아가고 수용하는 것이 다 다릅니다. 자기 행동대로 살고 있기 때문에 자기 인생을 조금도 남을 주지 못하는 것입니다.

그러니 언제든지 남을 이해하고 용서해야 합니다. 조건이 있으면 안 됩니다. 무조건 용서할 때 자기 복이 생기고 모든 재앙이 무너집니다. 부처님 세계로 나가는 차를 탈 수 있는 노잣돈을 버는 것입니다. 그건 어떤 돈이나 누구 힘을 빌어서 가는 게 아니라 오로지 자기 양심으로써 가는 세계입니다. 이런 원리만 알면 불치불란不治不亂, 다스리지 않아도 나라가 어지럽지 않습니다. 그러니까 세상 사람들이 불교만 바로 보게 되면 그대로 살기 좋은 세계가 됩니다.

지금 세상에 아직도 굶어죽는 사람이 있는 이유는 우리 가진 게 없어서가 아니라 잔뜩 쌓아 놓고도 나눌 줄을 몰라서입니다. 탐진치 삼독 때문이라는 말입니다. 탐심貪心은 과한 욕심이고, 치심癡心은 어리석음이지요. 당장 잘 살고 싶은 욕심으로 나쁜 짓을 하면서 그것이 자기 인생에 복이 되리라고 생각하는 것은 어리석은 마음입니다. 진심瞋心은 화내는 마음을 말하는데, 짐승도 부아가 나면 그만 바르르 떨다 죽어버립니다. 이 세 가지는 우리 삶에 독극물입니다.

삼독을 다시 열 가지 악으로 나눕니다. 10악을 행하면 나쁜 세계에 가고 반대로 열 가지 선을 행하면 좋은 세계, 부처님 세계로 가는 길목에 든다고 합니다. 10악이란 신삼구사의삼身三口四意三, 몸과 입과 뜻으로 짓는 열 가지 악입니다. 몸으로 짓는 3가지 악은 살생, 도적질, 사음입니다. 입으로 짓는 4가지 악은 망령된 거짓을 말하는 망어妄語, 두 가지로 말로 이간질 하는 양설兩舌, 남을 헐뜯고 욕하는 악구惡口, 비단결같이 꾸며 남을 속이는 기어綺語가 있습니다. 뜻으로 짓는 3가지 악에는 탐욕, 번뇌 때문에 성을 내는 진에瞋礙, 그리고 정리正理를 거스르는 어리석은 망견이나 인과의 도리를 무시하는 사견邪見이 있습니다.

그런데 10악을 돌이켜본다면 그것이 그대로 다시 10선이 됩니다. 보시를 많이 하다 보면 탐심이 없어지고, 자비심을 가지고 대하면 진심이 없어지고, 매일같이 부처님 경전을 읽으면 치심이 없어집니다. 악한 말을 하지 않으면 덕담이 되고, 이간질하는 말을 안 하면 평화스러운 말이 되고, 거짓말을 하지 않으면 정직한 말이 되고, 이렇게 10악을 돌이켜 뒤집으면 10선이 되는 것입니다.

사람들이 남의 얼굴빛만 보고도 "자네 걱정되는 일 있지? 아무리 아니라고 시침을 떼도 자네 얼굴에 쓰여 있어."라든가 "요새 좋은 일 있지?" 이런 말 할 때가 있습니다. 마음 쓰는 데 따라 몸에 도장 찍듯이 그 상태가 나타나니까요. 악한 생각하면 악한 얼굴빛이 되고, 선한 일을 하면 선한 얼굴빛이 되고, 놀래면 눈이 동그래가지고 놀라는 빛이 나옵니다. 마음 쓰는 대로 다 달라집니다.

옛날에 타심통 열린 사람들은 얼굴만 쓰윽 보고도 마음을 알아차린 것이나 요새 영리한 형사들이 지나가는 사람을 보고 죄지은 사람을 금방 알아차리는 것도 다 같은 이치입니다. 착한 마음을 쓰면 육체에 맑은 피가 돌아가고, 열심히 정진하면서 공부할 땐 감기도 없이 항상 건강합니다. 파르르 진심瞋心을 잘 내는 사람은 간이 약합니다. 그러니 마음 잘 다스리면 모든 천신이 보호하고, 마음을 악하게 다스리면 악한 귀신이 침범한다 하지 않습니까. 본래의 보배스러운 마음을 망각하고 잘못 쓰는 데 문제가 있습니다.

불교 운동이란 이 빛나는 마음을 깨끗하게 잘 쓰자는 뜻입니다. 부처님 앞에서 기도할 때도 사실 마음이 착해지지 않으면 절이 안 됩니다. 고약한 마음 가지고는 기도도 절도 되지가 않지요. 기도가 마음을 정화시키기 때문입니다. 고약한 마음도 기도를 하다 보면 정화가 됩니다. 그래서 가나오나 염불 하고 다니면 세상 어두운 밤에 등불 들고 가는 것과 한가지입니다. 사는 데 바빠서 자기 문제가 무엇인지 알기를 포기해 버린 가운데 다생多生에 익힌 악한 마음이 발로하게 됩니다. 염불을 하든지 참선을 하든지 주력이나 기도를 하는 그 순간에는 깨끗한 마음이 되어 그 껍데기를 바로 보게 됩니다. 그래서 괴로워하는 사람들에게 잘 안되더라도 한 번 해보라고 권하는 겁니다.

마음이 정화가 되면 탁한 피가 다 맑아지고 백혈구가 증가해서 유행병에도 안 걸립니다. 육식하고 잘 먹는다고 건강한 것이 아닙니다. 나물만 먹고 빼빼 말랐어도 마음을 맑게 쓰면 유행병에 안 걸리고 건강하게 지냅니다. 과식하고 마음을 탁하게 먹으면 살은 찔지 몰라도 절대 건강하지는 않습니다. 참으로 이 부처님의 가르침을 지키는 것만이 선약입니다. 그대로만 하면 우리는 참으로 행복하게 살 수 있습니다.

근본자리 찾는 것이 불교 운동

우리가 청정한 그 밝은 빛을 잊고 살기에 세상 구석구석에 갈등이 있고 투쟁이 있고 불안이 초래됩니다. 그 밝은 마음만 빛나면 어느 곳 어느 시간이든 한구석에 숨어 땀을 흘리며 일하고 있어도 거기서 부처님의 혜명을 거기서 이어가는 것입니다. 불교는 형식과 껍데기가 아닙니다.

이렇게 모여 기도하며 밤을 지새우고 하는 그 마음이 증발해서 이 나라의 모든 재앙이 물러가고 중생의 아름다운 세계가 열리게 됩니다. 유일물어차有一物於此, 여기 한 물건이 있다고 하지요. 우리가 다 똑같이 한 물건입니다. 다 똑같이 평등해서 누가 덜하고 더하거나 모자라고 남음이 없습니다. 그러니까 차별이 없고, 그러니까 갈등과 투쟁이 없습니다. 여기서 이탈하면 항상 투쟁이 생기고 불행이 일어납니다.

이 근본자리를 찾으라는 것이 불교 운동입니다. 이러한 정신운동을 열 때 우리나라는 물론이고 전 인류가 행복해지게 됩니다.

누구나 다 할 수 있는 일이니 무슨 비용이 들고 어떤 물질을 요하지 않습니다. 석가모니 부처님도 맨손으로 산에 들어가서 전 세계 인류를 행복하게 만든 분입니다. 물질로 행복하게 산다는 것은 잠꼬대 같은 소리입니다. 물질은 몇 푼어치 안 됩니다. 물질을 무시하라는 게 아닙니다. 마음만 너그러우면 물질은 저절로 따라옵니다. 마음이 너그러우면 복되게 사는 진리가 그대로 흘러나오고, 마음이 열리지 않으면 항상 부족하고 항상 투쟁해야 사는 아수라 세계가 됩니다. '일등一燈이 만등萬燈'이라고 했습니다. 하나의 등이 만 개의 등에 불을 붙이듯이 여러분의 마음의 등불로 일체중생의 어두운 마음에 불을 붙이는 운동에 용기를 내시기 바랍니다.

端龍登堂

庚辰元旦
太白山無為精舍
西庵少老

힘과 폭력에 의한 해결은 개혁 참뜻에 맞지 않아

조계종단 사태로 심려가 많으실 텐데 건강을 잃지나 않으셨는지요? 세상에 떠도는 이야기에 대해 몇 가지 궁금한 것을 여쭈어보겠습니다.

요즘뿐 아니라 어려움이야 항상 있습니다. 그러니 사바세계라 하지 않겠습니까. 좋은 일만 있고 뜻대로 되는 일만 있다면 사바세계라 할 것이 무엇 있겠습니까. 다 공부하라고 그런 것이니 어려울수록 더욱더 정진을 해야겠지요. 무엇이든지 알고 싶은 것이 있으면 이야기해보세요. 아는 대로 대답해드리겠습니다.

전 총무원장인 의현 스님에 대해 여론이 좋지 않습니다. 종헌 종법을 무시하고 3선을 강행한 점, 종교인이 폭력배를 동원했다는 점 때문인 것 같고, 항간에는 대처했다는 소문도 있습니다. 그래서 대체로 의현 스님이 물러나야 한다는 의견이 많은 편인데, 큰 스님께서 그런 의현 스님을 두둔하시는 것으로 보여서 세간에 이야기들이 오가고 있습니다.

그 사람이야 당연히 물러나야 할 사람입니다. 나 역시 그 사람이 물러나서는 안 된다는 말이 아닙니다. 다만 그 물러나는 방법에 대해 문제 제기를 했을 뿐입니다. 어쨌든 그 사람은 조계종단을 대표해서 8년간 종무를 맡아 왔고 다른 종교계나 외국에 우리 종단을 대표해서 활동해 온 사람이 아닙니까. 그런데 그를 쫓아내 버리거나 체탈도첩 한다는 것은 종단의 위상을 스스로 낮추고 위신을 추락시키는 것이 됩니다. 그동안 종단을 대표했던 사람이 종단에서 쫓겨나야 할 만큼 나쁜 사람이라면 종단의 위신이 무엇이 되며 그동안 가만히 있었던 종도들은 또 무엇이 되겠습니까. 우리 불교를 생각하고 종단의 내일을 생각해서 문제 제기를 한 것이지 누구를 두둔할 생각은 없습니다. 더구나 불교 개혁을 내세우면서 힘으로 밀어붙여 쫓아내어서는 안 된다고 생각합니다.

개혁을 주장하면서 전이나 다름없이 힘과 폭력으로 대응한다면 그 개혁의 내용이 신뢰를 얻기 어렵습니다. 더구나 우리가 하자는 불교 개혁이란 부처님 법으로 돌아가서 부처님 법의 정신으로 모든 문제를 해결하자는 것이 아닙니까. 그동안 종단 문제가 얼마나 비불교적으로 진행되었는지는 많은 사람들이 알고 있습니다. 그런데 지금 다시 또 이전과 같은 방식으로 개혁을 진행하고 자 한다면, 의도하든 안 하든 그것은 개혁이 아니라 되풀이되는 종권 다툼이고 이권 다툼이고 문중 싸움에 불과합니다. 내 뜻에 맞지 않으면 다중의 세력을 규합해서 폭력적으로 문제를 해결하라는 말씀은 팔만대장경 경률론 삼장 어디에도 한 구절도 없습니다. 잘못한 사람도 포용하고 감싸주어서 서로 화합하고 사랑하라는 말씀만은 뚜렷하지요. 불법에 없는 방법으로 불법을 바로 세우는 개혁은 이루어질 수 없습니다. 그것은 모래로 밥을 짓겠다는 것과 같습니다.

부처님 법에 본래 옳고 그른 것이 없다고 하셨습니다. 누구를 두둔하거나 누구를 배척하는 것은 다 불법이 아닙니다. 나는 단지 불교인은 불법에 따라 생각하고 행동해야 한다고 말했을 뿐입니다. 내가 문제 제기하고 반대한 것은 어떤 사람이나 단체가 아니라 비불교적인 생각과 행동에 대해서였습니다.

하지만 상대의 세력이 강력해서 계속 같은 잘못을 행하고 있으면 어떻게 해야 합니까? 그냥 보고만 있을 수는 없지 않습니까?

물론 가만히 앉아 보고만 있으면 안 되지요. 당연히 바로 잡아야 됩니다. 그러나 상대가 폭력을 쓴다고 해서 같이 폭력을 쓰면 그것이 세상법으로는 정당할지 몰라도 부처님 법에서는 어긋난다는 뜻입니다. 어디까지나 평화적으로 대화로써 풀어나가야 합니다. 상대가 힘으로 한다고 나도 힘으로 하고, 상대가 폭력을 쓴다고 나도 폭력을 쓰고, 상대가 세력으로 밀어붙인다고 나도 세력을 규합해 밀어붙인다면 상대방과 무엇이 다릅니까. 그러면 그저 하나의 세력싸움으로 전락해 버리게 됩니다. 그렇게 옳고 그름의 문제를 떠나버리면 이기는 자는 영웅이 되고 지는 사람은 역적일 뿐입니다.

인류 역사를 살펴보면 입으로는 평화니 정의니 하면서 전쟁을 일으키고 불의를 행한 사람들이 얼마나 많습니까. 목적만 옳으면 수단 방법은 어떻게 되어도 좋다는 식은 불교인의 자세가 아닙니다. 목적이 옳을 뿐만 아니라 그 수단과 방법도 여법히, 그야말로 부처님 가르침에 합당해야 참 불자입니다. 수행은 삶이고, 삶은 살아가는 과정입니다. 그 과정이 다 바르고 합당해야 부처님의 가르침을 따라 살아가는 수행자라 할 수 있습니다.

그런데 큰스님 말씀에 모순이 있다는 의견도 있습니다. 개혁을 지지한다고 하셨지만 막상 개혁하자는 사람들이 진행하는 승려대회는 하지 말라고 하셨다면서요.

개혁하겠다는 것은 대찬성입니다. 종단이 지난 40여 년 동안 문중 싸움, 종권 다툼, 끝없는 분규로 사회에 물의를 빚고 지탄을 받아 온 것은 주지의 사실이고 나도 그런 종단을 개혁해야 한다고 생각합니다. 그래서 3년 전에 종단 개혁을 위한 개혁위원회를 만들었고 위원장까지 맡았습니다. 그 개혁위원회는 몇 차례 회의를 통하여 원로, 중진, 소장승려들의 의견을 듣고 교수 등 전문가들의 조언을 받아서 개혁안을 만들었습니다. 그리고 그 개혁안을 수차례 총무원에 제시를 했지만 안타깝게도 한 번도 받아들여지지 않았습니다.

큰스님 뜻이 아무리 좋아도 총무원에서 받아들이지 않으니까 아무것도 할 수 없지 않았습니까. 지금 젊은 사람들이 힘으로라도 밀어서 개혁하자는 것은 그런 이유는 아니겠는지요?

아무리 그렇다 해도 힘으로 밀어서 하는 것은 옳지 않습니다. 우리가 하자는 개혁이란 부처님 법 따라가자는 것입니다. 부처님 법에 힘으로 밀어붙이라는 말씀이 없는데, 어떻게 부처님 법 아닌 것으로 부처님 법을 개혁할 수 있습니까. 그런 방법은 분규만 더욱 조장하고 결국 문중 파벌의 이해관계로 전락하여 세상 사람들로부터 빈축만 사고 불교인들을 크게 실망시키는 결과를 낳습니다. 개혁은 부처님 정신으로 해야 합니다. 평화적으로 불법에 맞게 대중의 중의를 모아서 하나하나 해야 합니다. 시간이 걸리더라도 비난을 받더라도 불법에 맞게 해야 합니다. 그래야 부작용이 없습니다.

큰스님께서 잡은 개혁안은 어떤 것이었습니까?

내가 잡은 것이라기보다 개혁위원회에서 중의를 모아 잡은 것입니다. 그 대강을 말하자면 첫째는 총무원장이 종회의원을 겸임해서는 안 된다는 것이고, 둘째로 재정관리는 종단의 총관리제도로 바꾸어야 한다는 것입니다. 절마다 수입 차이가 많으니 싸움의 씨앗이 되고, 또 삼보정재가 잘못 쓰이는 경우가 많기 때문입니다. 그러니 총관리제로 해서 도제 양성과 역경사업, 포교사업에 효율적으로 쓰자는 뜻입니다. 셋째는 법계고시를 실시해서 무너진 승단의 위계질서를 바로잡고, 포살과 자자 등을 살려 계법을 밝히려고 했습니다.

이런 좋은 계획안을 총무원은 왜 실행하지 않았을까요?

그러게 말입니다. 그들 나름대로 어려움이야 있었겠지만 바른 법대로 하지 않다 보니 결국 이런 혼란이 또 초래된 것이 아니겠습니까.

그런데 승려대회를 하지 말라고 하신 까닭은 무엇인가요?

아까도 말했지만 다중의 힘을 모아 세력으로 밀어붙이려고 해서는 안 되기 때문입니다. 그것은 폭력입니다. 총을 들고 몽둥이 휘두르는 것만 폭력이 아니라 다중의 힘을 모아 세력으로 밀어붙이는 것, 어떤 형태든 물리적 힘을 행사하는 것은 다 폭력입니다. 그리고 분노에서 나오는 힘은 폭력이 되기 쉽기 때문에 먼저 진심 嗔心을 다스려야 합니다. 더구나 돌아보면 옛날에도 몇 번의 승려대회가 있었지만 결국 전체 승가의 뜻을 모으기보다는 일방의 의견을 관철하기 위한 수단으로 이용되서 화합이 아니라 분열과 다툼만 초래했다는 점도 생각해야 합니다.

몇 년 전 해인사에서 승려대회가 있었을 때는 큰스님께서도 참석하시지 않았습니까?

물론 참석했습니다. 개혁을 하자고 승려대회를 했고, 그 결과 개혁위원회가 만들어진 셈이고, 중의를 모아 개혁안을 만들어 종단에 개혁을 요구했지요. 그러나 총무원 앞에서 데모를 하고 총무원을 점거하고 종권을 찬탈하려 한 것은 아니었습니다. 지금도 여법하게 승려대회를 해서 대중의 뜻을 전달하는 것은 좋은 일이라 생각합니다. 폭력을 행사하는 것은 조급하기 때문입니다. 자기 생각대로 빨리 안 되면 자연히 화가 나고 주먹이 앞서기 쉽습니다. 몇 십 년 동안 쌓인 잘못을 어떻게 일순간에 깨끗이 해결 할 수 있겠습니까. 물론 한꺼번에 해결할 수 있으면 좋겠지만, 아무리 좋은 일도 욕심이 될 때는 결국 잘못되기가 십상입니다. 여러 사람이 중지를 모아 하나하나 순서에 맞게 해 나가면 안 될 것 같은 일도 잘되는 것을 알아야 합니다.

그런데 지난 4월 9일 TV 방송으로 승려대회를 하지 말라는 내용의 기자회견을 하신 것이 스님 생각이 아니고 누가 써준 것을 읽으신 것 같다는 말이 있습니다. 혹시 의현 스님에게 약점 잡힌 것이 있나, 혹시 협박을 받고 하시는 일이 아닌지 의심하는 사람들이 있습니다.

이 노장이 이 나이에 누구 협박받고 두려워서 시키는 대로 할 일이 있겠습니까. 발목이 잡힐 것이 어디 있겠습니까. 내가 판단하기에는 승려대회가 종단을 화합시키기보다는 분열시키고 혼란을 가져올 것 같아서 내린 결정입니다. 다만 내가 부덕한 소치로 종단이 혼란스러워졌다는 책임을 느낄 뿐이지요.

우스운 말씀 하나 드릴까요? 어떤 사람이 묻더군요. "의현 스님에게 외제 자동차와 돈을 받았다고 하는데 사실입니까?" 그래서 내가 말했습니다. "아, 자동차는 내가 받아서 바루에 담아 두었다네. 한번 보여 줄까?"(웃음) 버스도 많고 기차도 많고 타고 다닐 것이 그렇게 많은데 내가 자동차를 어디에다 쓰겠어요. 이런저런 말들에 일일이 해명을 하느라고 애쓸 것 없지요. 본디 세상이 그렇고 시대가 그런 것이니까요.

한편에서는 큰스님의 말씀이 일관성 없다는 지적도 있습니다. 3월 29일 3선 하지 말라는 내용의 교시와 4월 9일 승려대회를 하지 말라는 기자회견을 두고 하는 말 같습니다.

하기야 보기에 따라서 그럴 수도 있겠습니다. 그러나 내 생각은 분명합니다. 부처님 법에 따라야 합니다. 서울에서 난투극이 벌어졌다는 소식을 듣고 3월 29일 '총무원장 선거는 원로 중진이 뜻을 모아 8월에 가서 여법하게 하라' 했지요. 그런데 의현 스님이 3

월 30일에 3선을 강행해서 결국 종단의 질서를 문란하게 하고 화합을 깨뜨리고 말았습니다. 그러자 범종추에서 4월 10일 승려대회를 연다고 하기에 4월 9일 원로 중진 연석회의를 가지려고 했습니다. 그런데 집회를 소집한 한 원로스님이 참석치 않아 무산되었습니다. 그대로 가면 종단의 화합이 깨어질 것 같아서 10일의 승려대회를 만류했던 것입니다.

그런데 그 4월 10일의 승려대회에서 '원로회의에서 종정을 불신임했다'고 발표한 것은 어찌된 일인지요?

종단의 종정 자리는 누가 불신임할 수 있는 그런 자리가 아닙니다. 물러난다면 누구의 힘에 의해서가 아니라 스스로 판단하여 물러나야 합니다. 일부 사람들이 자기 뜻에 맞지 않는다고 밀어낼 수 있는 자리가 종정이라면 누가 종정이 되든지 종정의 위상은 크게 실추될 뿐입니다. 더구나 일부 승려가 모인 승려대회가 종정을 불신임할 수 있는 모임이 될 수는 없습니다. 또 내가 아는 원로들은 아무도 10일 오전에 원로회의를 해서 종정을 불신임한 적이 없다고 하니 참으로 모를 일이지요.

그러면 종정을 불신임했다는 것은 잘못된 것입니까?

원로들이 모여 종정을 불신임했다면 그것은 종정을 인정하지 않겠다는 것이니 나를 종단 밖으로 내친 것이라고 봐야합니다. 물론 내친다고 해도 걱정이야 없습니다. 본래 부처님도 집 짓고 살지 않고 길가 나무 밑에서 주무셨으니까요. 나도 이제 길가 나무 밑에서 살 수밖에 없고, 어쩌면 그것으로 내 생애 마지막에 이제야 제대로 한번 부처님 법 따라 사는 것이겠습니다.

그러나 힘으로 여론으로 밀어붙이면 무엇이든지 될 수 있다는 생각은 고쳐야 합니다. 불법이 아닌 것으로 행하는 행동들은 그쳐야합니다. 부처님 법대로가 아니면 천하만법이 반대해도 요지부동해야 합니다. 사실 종정이든 아니든 내 뜻이야 어디 가겠습니까. 마음은 힘으로 어떻게 할 수 있는 것이 아니니까요. 다만 잘못된 것을 바로 세우는 데 종정으로서의 역할을 다해보려 할 뿐입니다.

어쨌든 이번 종단 사태에 대해서 누군가 책임을 져야 하지 않겠습니까?

그렇습니다. 이 큰 사태에 누군가가 책임을 져야겠지요. 그리고 그것은 마땅히 내가 져야할 책임입니다. 지금이라도 내가 책임지고 물러나는 것이 종단이 부처님 법대로 잘되는 길이라면 스스로 물러나서 종도들과 세인들 앞에 참회를 해야 합니다. 그것이 종정 으로서 마지막 남은 책임이라고 봅니다.

어떻게 해서든지 종단에 더 이상의 혼란은 없어야 됩니다. 그리 고 개혁은 꼭 이루어져야 합니다. 또다시 문중, 파벌, 돈, 명예 등으 로 분쟁이 일어난다면 불조혜명을 이어받은 우리가 선대의 선지 식과 후손들에게 씻을 수 없는 큰 죄업을 짓는 것입니다. 모두 새 롭게 발심하여 분연히 일어나 뜻을 세우고 불법의 종도를 확립하 고 잘 지켜 나아가야 합니다. 불법은 싸우고 투쟁하는 가르침이 아니라 화합하고 포용하는 자비의 가르침입니다. 내가 옳으니 네 가 옳으니 시비하는 가르침이 아니라 양보하고 참회하는 가르침입 니다.

큰스님을 뵙고 말씀을 들으니 세상을 거슬러 산다는 것이 얼마나 어려운 일인지를 알 수 있을 것 같습니다.

불법은 본래 세상은 거스르는 역류법이라 합니다. 수행정진 해 야만 세상을 거슬러 살아갈 수 있습니다.또 그렇게 세상을 거슬 러 가는 것으로 수행을 삼아야 되기도 하지요.

잘 알겠습니다. 그런데 큰스님께서는 지금 개혁을 하자는 사람들을 인정하지 않으십니까? 그들 중에도 좋은 뜻을 가진 사람들이 많고 좋은 개혁안을 내놓겠다고도 합니다.

불법은 물리적인 힘을 이용한 혁명이 아니라 정신혁명입니다. 그야말로 적을 죽이지 않고 포용하여 살리는 참으로 진정한 혁명이지요. 그런 불법을 이분들이 잘 모르는 것 같습니다. 그러나 출발이 설령 잘못되었더라도 지금이라도 잘못된 줄 알고 불법으로 돌아온다면, 그래서 부처님 법에 맞게 개혁하려고 한다면 나는 당연히 지지합니다. 내가 반대하는 것은 어떤 사람이나 집단이 아니라 부처님 가르침에서 벗어남에 대한 것일 뿐입니다. 지금이라도 비법에서 정법으로 돌아온다면 참으로 훌륭한 일이지요.

앞으로 저희들이 무슨 일을 어떻게 해야 부처님 뜻을 바로 세우고 큰스님께 도움이 되겠습니까?

지금 하는 일을 열심히 하는 것이 중요합니다. 그냥 지금처럼 그렇게 열심히 정진하고 포교하고 인재양성하는 것이 종단을 위하는 길이고 나를 돕는 일입니다. 그것이 제일 중요한 일입니다. 오히려 이 노장이 여러분이 하는 일을 도와야 하는데 그렇지 못해서 미안할 뿐입니다. 이 일은 이 노장이 혼자서라도 힘자라는 데까지 할 테니 지금 해오던 일을 계속 잘하시면 됩니다. 그 일이 더 중요합니다. 내가 관여한 종단일은 이미 시비에 휘말린 일이라 가까이 오면 시빗거리가 되기 쉬울 뿐입니다.

*이 글은 1994년 조계종단 사태를 바라보며 정토가족이 서암 스님께 궁금한 점들을 여쭈어 본 것을 정리하여 월간정토에 실었던 것입니다.

山高

서암 홍근 대종사 행장

西庵 鴻根 大宗師 行狀

서암 홍근 대종사西庵 鴻根 大宗師
1914~2003

성姓은 송宋, 이름은 홍근鴻根이다. 1914년 10월 8일 아버지 송동식宋東植과 어머니 신동경申東卿 사이에서 5남 1녀 중 셋째로, 어머니가 '고목에서 꽃이 피고 수많은 별들이 쏟아지며 거북이 나타나는' 태몽을 꾼 다음 경상북도 풍기읍 금계동에서 태어났다.

절개가 굳은 의인이었던 아버지는 일제 치하에 풍기 일원의 독립운동단체 지도자로 활약하였다. 이런 까닭에 가족은 삶의 터전을 잃고 안동, 단양, 예천, 문경 등지를 떠돌 수밖에 없었고, 스님은 유년 시절을 추위와 굶주림 속에서 보냈다.

"많이 배워라. 기상을 죽이지 마라."는 아버지의 가르침과 헌신적인 어머니의 희생 덕분에 동네 서당과 단양의 대강보통학교, 예천의 대창학원 등에서 품팔이를 하면서 한학과 신학문을 배웠다.

인간의 삶과 진실, 세계와 우주의 질서, 그 비밀에 접근하는 열쇠를 발견한 것처럼 책을 탐독했고, 틈만 나면 사유와 사색에 젖어 들었다. 그중에서도 러시아 작가들의 책을 즐겨 읽었다.

타고난 영민함, 박학다식 그리고 깊은 사색으로 인생에 대한 진지한 논쟁을 여러 사람들과 나누었는데 어린 나이였지만 필적할 만한 이가 없었다.

그러던 중 "책이나 선생들로부터 들은 것 말고 단 한마디라도 좋으니 네 자신의 이야기를 해보라."는 예천 서악사 화산華山 스님의 말씀에 최초로 부끄러움을 배우고 "제 인연은 스님에게 있습니다."라는 말과 함께 머슴과 같은 행자 생활을 하게 되었으니 15세(1928년)의 일이다.

고된 생활 가운데에서도 당시 대강백이었던 화산 스님께 초발심자경문初發心自警文, 치문緇門, 의식儀式 등을 틈틈이 배우며 출가 수행자로서 기반을 다졌다.

은사인 화산 스님이 3년이라는 긴 행자 생활을 지내도 사미계(沙彌戒)를 줄 생각이 없자, 당시 경허(鏡虛) 스님과 교분이 있던 장진사의 간청에 의해 비로소 본사인 김용사에서 19세(1932년)의 나이로 낙순 화상을 계사로 모시고 사미계를 받았다. 법명은 홍근(鴻根), 수계 후 김용사 강원에서 수학하였다.

22세(1935년)에 김용사 강원 생활 중 금오(金烏) 스님을 모시고 보살계와 비구계를 받고, 이후 대덕법계를 품수하게 되었다. 법호를 서암(西庵)으로 받았다. 김용사 강원에서 동학(同學) 가운데 출중하여 가히 군계일학(群鷄一鶴)이라 할 만하였다.

타고난 학문에 대한 열정으로 일본 유학을 결심한 후 강원에서 내전(內典)을 보는 동시에 독학으로 유학 준비를 하여 25세(1938년)에 종비장학생으로 가난한 유학 길에 오른다.

선진 학문을 접하면서 넓어지는 안목의 변화에 하루하루 가슴이 벅차올랐으나 이를 위해서 힘든 노동과 배고픔의 대가를 치러야 했다. 자신도 모르게 육체는 깊은 병을 만들어 가고 있었고, 결국 당시에는 사형선고와 같은 폐결핵이라는 진단을 받게 된다. 귀국하여 '세상에서의 마지막 봉사'라는 생각으로 각혈을 하면서도 모교인 대창학원에서 1년 동안 학생들을 지도하였다. '시한부 인생'이라고 생각하며 남은 정열을 쏟아부었으나 죽음은 쉽게 오지 않았다. '생사의 근본도리!' 이것이 저절로 스님에게는 화두가 되어 있었다.

죽음만을 기다리며 사는 것이 헛되다고 돌이키며 28세(1941년)에 김용사 선원에서 수선안거(修禪安居)에 들어갔다. 여름과 겨울이 지나가면서 마음은 맑아지고 몸은 가벼워졌다.

이듬해 봄이 되어 북쪽으로 만행하던 중, 철원 심원사에서 스님의 학식을 흠모하는 여러 스님들의 간청에 못 이겨《화엄경》을 1년간 강의하였다.

이후 금강산 마하연과 신계사에서 여름 안거를 마치니, 어느덧 몸에 있던 병마는 흔적 없이 사라졌다. 가을이 되자 다시 길을 떠나 묘향산, 백두산 등지를 거쳐 다시 남쪽으로 내려와 문경 대승사의 천연동굴에서 성철(性徹) 스님과 함께 용맹정진 하였다.

32세(1945년)에는 광복이 되자 산에서 내려와 예천포교당에 머물며 징병·징용 당하여 죽음의 땅에서 돌아온 동포들에게 보금자리를 마련해 줌과 동시에 불교 청년운동을 전개하였다.

이듬해에는 계룡산 골짜기에 있는 '나한굴羅漢窟'이라는 천연동굴로 들어갔다. '깨달음을 얻기 전에는 살아서 이 바위굴에서 나가지 않으리라!' 이와 같은 목숨을 건 정진으로 머리는 산발하고 뼈만 앙상하게 남았으나, 의식은 오히려 맑아졌다. 나중에는 잠도 잊고 먹는 것도 잊은 채 선정삼매禪定三昧의 날들을 보내다가, 한순간 탄성이 저절로 터져 나왔다.

본무생사本無生死라!
삶과 죽음의 경계마저 한갓 공허한 그림자처럼 사라진 것이다.

계룡산에서 내려온 뒤에도 수행의 고삐를 늦추지 않았다. 만공滿空 스님 회상의 정혜사와 한암漢岩 스님 회상의 상원사 그리고 해인사, 망월사, 속리산 복천암, 계룡산 정진굴, 대승사 묘적암 등지에서 계속 정진하였다.

33세(1946년)부터 35세(1948년)까지 금오金烏 스님과의 인연은 각별했다. 지리산 칠불암과 광양 상백운암, 보길도 남은사, 계룡산 사자암에서 금오 스님을 모시고 정진을 하게 되었는데, 특히 칠불암에서의 '공부하다 죽을 각오를 한 정진'은 지금까지도 유명한 일화로 남아 있다.

38세(1951년) 이후부터는 문경군 농암면에 있는 원적사에 주로 머물렀다. 맹렬한 정진력과 깊은 지혜, 통쾌한 변재와 절도 있는 생활은 여러 수좌들의 귀감이 되었다. 그런 까닭에 주변에는 늘 스님의 도를 흠모하는 수좌들이 함께했다. 낮에는 대중들과 함께 정진하고, 밤이 되면 혼자 산으로 올라가 새벽예불 시간이 되어서야 내려왔다. 원적사에서의 정진도 칼날 같았다.

범어사, 동화사, 함창포교당, 태백산 홍제암, 각화사 동암, 상주 청계산 토굴, 나주 다보사, 백양사, 지리산 묘향대, 천축사 무문관, 통도사 극락암, 제주 천왕사, 김용사 금선대, 상주 갑장사 등지에서도 한결같은 모습을 볼 수 있었다.

57세(1970년)에 봉암사 조실祖室로 추대되었으나 사양하고 선덕禪德 소임을 자청하여 원적사를 오갔다. 당시 봉암사 대중들이 선방 벽에 붙어 있는 용상방龍象方에 스님의 법호를 조실 자리에 붙이면 스님은 떼어내고, 대중들이 붙이면 다시 떼어내곤 하였다.

62세(1975년)에는 제10대 조계종 총무원장을 맡아 어려운 종단 사태를 수습하고 2개월 만에 사퇴하였다.

65세(1978년) 이후부터는 봉암사 조실로 머물면서, 해이해진 승풍僧風을 바로 잡고 낙후된 가람을 새롭게 중창하였다. 한편 수행 환경을 위해 전국에서는 유일하게 산문山門을 막아 일반인의 출입을 통제하였다. 봉암사는 오늘날 '모든 수좌들의 고향'으로 자리 잡고 있다.

78세(1991년)에는 조계종 원로회의 의장을 맡아 성철 스님을 종정으로 재추대하여 종단의 중심을 잡은 후에 미련 없이 산으로 돌아왔다.

80세(1993년)에는 제8대 조계종 종정으로 추대되었다. 그러나 이듬해에 종정직과 함께 봉암사 조실까지 사임하고, 거제도, 삼천포, 팔공산 등지를 거쳐 태백산 자락에 토굴을 지어 '무위정사無爲精舍'라 이름하고 무위자적하였다.

88세(2001년)에 봉암사 대중들의 간청에 의하여 8년 만에 봉암사 염화실로 돌아와 한거閒居하였다.

90세(2003년) 3월 29일 오전 7시 50분 무렵 봉암사 염화실에서 "한말씀 남기시라."는 제자들의 거듭된 요청에 "그 노장 그렇게 살다가 그렇게 갔다고 해라."는 마지막 말씀을 남기고 열반하였다. 4월 3일 봉암사에서 다비가 행해졌으나 생전 스님의 말씀에 따라 사리를 수습하지 않았다.

지은이 서암西庵 스님

한국 최고의 선승禪僧. 겉치레에 연연하지 않고 한평생 문중도 자기 절도 없이 수행자로만 살았다. 광복 이후 우리 사회가 매우 혼란스러울 때 당대 선지식이신 금오 스님을 모시고 지리산 칠불암에서 도반들과 더불어 '공부하다 죽어도 좋다.'고 서약하고 용맹정진한 일화 가 유명하다.

해인사, 망월사, 김용사 금선대 등에서 정진을 계속하였고 1951년 이후로는 청화산 원적 사에서 다년간 정진하였다. 1978년 이후 봉암사 조실로 추대되어 낙후된 가람을 전국의 납자 100여 명이 결제에 들 수 있도록 대작불사를 이끄는 한편, 일반 관광객의 출입을 금 지시키고 엄격한 수행 기풍을 진작해 봉암선원을 조계종 특별종립선원으로 만들었다.

평생 선 수행을 바탕으로 법문하고 공부했던 스님은 사부대중이 이해하기 쉬운 '생활선 의 법문'으로도 알려져 있다. 선에 있어서도 생활 속 실천을 강조했다. "선이란 것은 어디

다른 데 있는 게 아니라 우리 생활 속에서 이루어지는 것이다. 일상생활에서 손 움직이고 발 움직이고 울고 웃고 이웃 간에 대화하는 그 속에서 24시간 불교를 찾는 생활, 그것이 선"이라는 것이 스님의 가르침이었다.

스님은 세수로 80세가 넘도록 몸이 허락하는 한 언제나 대중교통 수단을 이용하였고 시봉 또한 두지 않은 채 검소하고 소박하게 살아가셨다. 이렇게 일생을 통해 부처님의 가르침을 몸으로 실천했던 큰스님의 모습은 수행자들의 귀감이 되고 있다.

1914년 경북 풍기에서 태어났으며 법명은 홍근鴻根, 법호는 서암西庵, 1993년 12월 대한불교조계종 제8대 종정으로 추대되어 재임 140일 만인 1994년 4월에 사임하고 종단을 떠났다. 2003년 3월 29일 세수 90세, 법랍 75세의 일기로 봉암사에서 입적하였다. "그 노장 그렇게 살다가 그렇게 갔다고 해라."는 열반송을 남겼다.

"밝은 마음자리 깨달으면 그곳이 정토입니다."